世界 金字塔 百科

從印尼、拉丁美洲到埃及的古文明巡禮，
一探人類史上最大建築奧祕

Pyramid
Wonderland

日本考古學家 河江肖剩
佐藤悅夫 等著 哲彥 譯

前　言

　　金字塔的英文「Pyramid」一詞，據說源自希臘語中的三角形甜麵包「Pyramis（$\pi\upsilon\rho\alpha\mu\text{íc}$）」。希羅多德、狄奧多羅斯、史特拉波等古希臘、羅馬史學家都曾用它指稱埃及的金字塔。到了現代，Pyramid這個單字已經普及，全世界都用它來形容四角錐狀或圓錐狀的建築物。

　　本書穿越時空，搜羅了各個文明中由人類建造的「Pyramid」，請來各領域的專家，搭配豐富的照片與插圖解說其精華。希望讀者能在驚嘆於金字塔之美與偉大的同時，感受古代人們沒有極限的探究心與挑戰心。

在非洲、亞洲、中部美洲、歐洲各地建起的這些金字塔，其實形狀、尺寸、建造位置、建造目的與方法都不盡相同。它們當中的許多，都和人類的生死觀有關，但如果我們從俯瞰的視角，或者更多面向來看，就能窺見當時人們的社會構造和政治經濟活動。雖然這數十年來累積的考古調查成果、新發現，以及近年的最新技術應用，不斷讓我們看見新的事實，同時卻也讓金字塔的謎團越來越深。

　　「為什麼人類要建造金字塔呢？」——雖然這不是一句話就能回答的問題，但如果你能藉著閱讀本書，感受到當時的人類為了建造金字塔所投注的智慧、奮鬥、懇望，就是筆者最大的喜悅了。

2020年12月　河江肖剩

Contents

Egypt
埃及篇

1 尼特傑里赫特金字塔

2 斯尼夫魯金字塔

Teotihuacan

特奧蒂瓦坎篇

Europe
歐洲篇

Borobudur
婆羅浮屠篇

世界主要
金字塔地圖

本書將古代建造的四角錐狀石造建築，
定義為「金字塔」。
這些建築的年代、所在地區有很大的差異，
但世界上就是有這麼多的「金字塔」散布在各地。

⑬

⑭

① ② ③
④ ⑤

⑮

埃及篇

①尼特傑里赫特
金字塔／P018

②斯尼夫魯金字塔
／P024

③古夫金字塔
／P038

④卡夫拉金字塔
／P056

⑤孟卡拉金字塔
／P072

全球金字塔
建造時期年表

西元前3000年	西元前2000年	西元前1000年

尼特傑里赫特金字塔（約為西元前2592〜2566年）
斯尼夫魯金字塔（約為西元前2543〜2510年）
古夫金字塔（約為西元前2509〜2483年）
卡夫拉金字塔（約為西元前2472〜2448年）
孟卡拉金字塔（約為西元前2447〜2442年）

⑥月亮金字塔
／P090

⑦太陽金字塔
／P094

⑧羽蛇神廟
／P096

⑨阿爾班山金字塔
／P106

⑩提卡爾金字塔
／P108

⑪卡米那傳尤金字塔
／P112

⑫科潘金字塔
／P116

特奧蒂瓦坎篇

⑬艾利尼卡金字塔
／P124

⑭塞斯提伍斯金字塔
／P128

⑮婆羅浮屠
／P134

歐洲篇

婆羅浮屠篇

西元前1年
西元後1年

月亮金字塔（約為西元1～650年）

婆羅浮屠（約為西元700～800年）

1000年

2000年　2020年

塞斯提伍斯金字塔
（約為西元前18～12年）

艾利尼卡金字塔
（約為西元前300年）

太陽金字塔（約為西元200～650年）

羽蛇神廟（約為西元200～650年）

卡米那傳尤金字塔（希望時期：約為西元400～600年）

阿爾班山金字塔（阿爾班山第Ⅲ時期：約為西元200～700年）

科潘金字塔（約為西元426～820年）

提卡爾金字塔（約為西元300～900年）

「四角錐狀的石造建築」
全球的金字塔現狀

「金字塔」並不是埃及的專利。
亞洲、歐洲、中部美洲——
本書收集了坐鎮於世界各地的四角錐形石造建築們。

如果說起「金字塔」，大家最先想到的，應該就是知名的「吉薩大金字塔」，也就是古埃及第四王朝古夫法老的金字塔吧。這座在竣工時高達146.59公尺的巨大石造建築，一般被認為是建造於西元前2500年左右。

同樣位在埃及的薩卡拉，現今仍保留著世界最古老的金字塔，這裡也因聚集許多金字塔而聞名。雖然這些埃及的金字塔都是建來當法老的墳墓，但環顧世界，也可以發現許多為了其他目的而建造的四角錐形石造建築。

Egypt

上／在到最高處的途中，牆面角度會改變，因而被稱為「曲折金字塔」的斯尼夫魯金字塔。覆蓋在金字塔表面的裝飾板已經有部分剝落。

中／古夫金字塔（後）與卡夫拉金字塔（前）。隨著探掘調查，金字塔城鎮的樣貌漸漸明朗。

下／古夫金字塔內部。在金字塔內部，有許多空間的用途仍然未知。

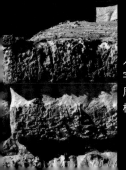

人面獅身像與孟卡拉金字塔。人面獅身像和其周邊建築，以未完工的樣貌留存到了現代。

Borobudur

例如考古學家認為過去被當成宗教儀式場所的中部美洲金字塔，或是被當成軍事設施、瞭望塔的艾利尼卡金字塔（希臘）。

了解這些金字塔過去的線索少之又少，挖掘調查也多半陷入困難。大部分的調查都不是一個世代就能完成的事，我們是遵循許多先人的考古活動，才逐漸讓真相重見天日。

關於建造金字塔的工程，當時的人究竟是如何切割、搬運巨大石材的，現在也仍停留在推測的階段。在調查發掘後，發現的事實，

也常常180度顛覆至今為止的假說。

本書將建造於世界各地、現在仍以各種形式留存的四角錐狀石造建築定義為「金字塔」，並介紹其各自的功能、建造、改建的變遷史。

◀

這些金字塔的年份、地區、構成建築物的素材、周邊的遺物都不同，但都建成同樣的造型，也就是所謂的「金字塔型」。至於金字塔型這種視覺上的共通點，其形狀到底有什麼

印尼爪哇島上的婆羅浮屠寺院遺址，這座被稱為世界最大的佛教遺跡，也是四角錐石造建築的一員。

上／特奧蒂瓦坎。特奧蒂瓦坎文明曾興盛於墨西哥中央的高地。圖為建於都市中心的「月亮金字塔」。
中／「太陽金字塔」。高63公尺、邊長223公尺，是特奧蒂瓦坎最大規模的建築物。
下／宏都拉斯，科潘遺址的球技場。科潘是興盛於西元5～9世紀的文明，考古學家認為初代國王亞克庫毛與特奧蒂瓦坎有關聯。

上／位於義大利羅馬的這座金字塔，被認為是古羅馬法官賽斯提伍斯之墓。幾經修復，現在仍保有美麗的外型。
下／希臘艾利尼卡的「金字塔」，據說是古希臘人蓋來當作步哨、守衛隊的執勤所。現在已經有部分崩毀。

意義，應該沒有什麼探究的必要。也因為我們目前對這些金字塔的理解程度不一，如果要為書中介紹的所有金字塔都提供同等的資訊量，是相當困難的。

不過，散布在世界各地的「金字塔」在建造時，人們的生活、城鎮的景色是什麼樣子？研究者們孜孜不倦地逐一解明這些真相，他們的發掘調查歷史又是如何？如果能藉著本書提高讀者對這些議題的興趣，就是我最大的榮幸了。

Egypt

埃及篇

非洲大陸北部的埃及，建造了世界最古老的金字塔、吉薩三大金字塔等數百座金字塔。與其他地區相比，這裡不只規模巨大，也是花費最長時間進行大規模發掘調查的地區。

著／河江肖剩

1

尼特傑里赫特金字塔

Netjerkhet Pyramid

尼特傑里赫特法老坐像。他也被稱為「左賽爾（Djoser）」。

Egypt > 1-1

埃及最古老的金字塔

The oldest pyramid
in the world

這座全新的陵墓所用的石材和形狀與過去截然不同。
尼特傑里赫特法老在歷代法老和高官沉眠的
神聖台地上，建造了埃及第一座「金字塔」。

埃及最古老的金字塔，建於距離現在的首都開羅中心以南，大約20公里處的薩卡拉。這是一座石灰岩地形的略高台地，古代的尼羅河曾流過其腳邊，在早王朝的後期（約為西元前2730～2590年），這裡就是法老陵墓與高官墓園所在的聖地。大約在西元前2592年，名為「眾神的軀體（Netjerkhet）」的尼特傑里赫特法老，在這座薩卡拉台地上，採用空前

的形狀和材質，開始籌建起自己的墳墓。

在那之前，埃及的墳墓都是用日曬泥磚蓋成，雖然有一部分會用石材建造墓室，但尼特傑里赫特法老的作法，卻是從陵墓到周圍的複雜建築物，全都用當時被稱為「白石」的石灰岩建造，因此他也被後人稱為「開石者」。薩卡拉台地是始新世（距今約5600～3400萬年前）形成的獨立石灰岩層，

階梯金字塔和眼鏡蛇裝飾的複合體一角。圖中正面的廣場是王位更新祭典的中庭。

巨大的祭品台與尚未發掘的階梯金字塔北面。

第一座金字塔是「開石者」的墳墓

雖然品質不是頂尖，卻因堆積著50公分左右的均質地層和薄薄黏土層，挖掘相對容易。雖然在階梯金字塔南方有發現露天採石場遺跡，但規模很小，恐怕當時也有從現在呈現傾斜的台地東部採掘石材。

一開始，陵墓的上部呈現傳統馬斯塔巴墳（Mastaba）的方形構造，但在後續共計6次的大規模擴張工程下，變成了現在的階梯形金字塔。考古學家推測，這些擴建是與「王的再生」有關的宗教行為，前面蓋的建築物被後面蓋的藏起來，也遵循了早王朝時代建造紀念性建築物的習慣。當時建築師想

出來的，就是石材向內側傾斜，一層層疊加上去的「附加構造」。

最終的成果，是高達60公尺，底座121公尺×109公尺的金字塔，周圍設置了葬祭神殿、安放法老雕像的小密室、舉行法老慶典的祭庭、數百座倉庫、北方與南方的亭樓，以及南方的神祕墓室等建築，成為一座巨大的複合式葬祭紀念建築物。圍繞這一切的，是高10.5公尺、周長1,650公尺的波浪狀城牆，有如隔離陽世般，構築起由尼特傑里赫特法老統治的異世界。

階梯金字塔的南面。從第1～2層的坑窪，可以窺見改變金字塔樣貌的擴建工程痕跡。

這些凹槽以前曾用來鑲嵌飾磚，在整面牆上都可看見這些溝槽。

階梯金字塔的外城牆壁。

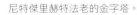
尼特傑里赫特法老的金字塔。

階梯金字塔東側的一隅。
可以看出斜面的附加構造。

飾磚妝點著
過去曾被美麗的藍色
圍繞金字塔的城牆

有如迷宮的
金字塔內部

Labyrinthine
internal structure

傳統式的「馬斯塔巴墳」,
在反覆的擴張工程後,變成了階梯狀的金字塔,
其內部的構造更是複雜。歷經無數盜墓,
現今只留下稀少卻珍貴的紀錄。

上／修復後的階梯金字塔墓室。
左／從正上方看墓室的樣子,頂面
可見花崗岩製的圓筒形栓子。

負責建造階梯金字塔的，是尼特傑里赫特法老的宰相印何闐。他身兼財務官與主領頌神官等頭銜，在往後的時代，被祀奉為智慧與醫術之神。印何闐在階梯金字塔內設置了複雜的通道、房間和豎坑，其全長超過5.7公里，簡直就是一座迷宮。

在金字塔中央，設置了長寬7公尺、深28公尺的豎坑，最深處是由4層花崗岩打造、有如巨大金庫的墓室。這座地下墓室的入口相當獨特，只有天花板上直徑約1公尺的圓孔，但這個孔卻被一個重達3.5噸的花崗岩圓栓給塞住。調查這座金字塔超過70年的法國建築家讓·菲利普·羅耶爾推測，內部應該藏有金箔之棺和木乃伊，但在數千年的盜墓下，裡頭被挖得一團亂，幾乎什麼也不剩。在豎坑裡發現的，只有鍍金的涼鞋殘片，以及頭蓋骨、右腳跟和上臂骨的碎片，但也無法判明這些東西是否屬於法老。不過在墓室內部，卻發現了記有尼特傑里赫特法老名字的小木盒。

這座有如迷宮的地下室，象徵冥界的王宮，通道的牆上以代表來世與重生的藍色釉磚裝飾，還設置3座假門，上頭畫的分別是：法老配戴象徵上埃及的白冠、戴著白冠奔跑的法老，以及法老戴著象徵下埃及的紅冠跑步。法老奔走的樣子，象徵著王位更新祭典「賽德祭（Sed festival）」中的儀式場面，實際上，法老或許就曾在階梯金字塔南方的廣場上奔跑。

在許多通道裡，都發現用埃及雪花石膏和閃綠岩做成的石製容器，其數量多達4萬個。有趣的是，這些容器上刻的碑文，不是尼特傑里赫特法老的名字，而是第一王朝、第二王朝的先王們。在其他豎坑中，還發現了疑似是埋葬王妃和小孩們的空間，得以推測階梯金字塔不只是尼特傑里赫特法老的葬身之處，同時也被當作埋葬王妃、王子的王家共同墓地，並用來保管先王們的紀錄。

埃及雪花石膏製成的容器。

左／南方墓室牆上的假門。中央畫有賽德祭上「法老奔跑」的場面。
中／在南方墓室發現的藍色飾磚。
右／閃綠岩製的容器，這些都是在地下通道裡發現的。

2

斯尼夫魯金字塔

Sneferu Pyramid

Egypt > 2-1

第一座真正的金字塔
──美杜姆

The first true
pyramid

擁有強大王權的斯尼夫魯法老。
「不朽的斯尼夫魯」正是其象徵。
高度超越90公尺的這座巨大建築，
用來展示權威應已相當足夠。

斯尼夫魯法老的金字塔，現在外頭的裝飾板已經剝落，看起來呈現3層。但在過去，它曾是一座擁有8層內部構造的巨大階梯金字塔。

現存最古老的埃及年代記《巴勒莫石碑》。從王朝前到第五王朝的歷史都被刻在上頭。現在收藏於義大利的巴勒莫博物館。

墓室的天花板是逐漸變窄的「重力分散式構造」。

西元前2543年左右，斯尼夫魯登上埃及王座時，能被他看上的巨大金字塔，就只有尼特傑里赫特法老建在薩卡拉的階梯金字塔。除此之外，不過是些未完工的、小型祭祀用的金字塔，這座最古老、最大的王墓，對年輕法老而言，才是最值得超越的目標建築。

斯尼夫魯在當時的王都美杜姆，籌建起巨大的7層（後來擴建成8層）階梯金字塔。堆砌石材的工法，雖是向內傾斜設置的傳統式「附加構造」，但內部卻異於過往複雜的地下構造，採用簡約的設計。入口位於北方，是為了讓法老的靈魂與拱極星融為一體，接著是持續的下行通道，連接到法老的墓室，內部設施就是這麼簡單。不過因為墓室的位置定在地表，為了保護空間免受重壓，也開發出帶有「重力分散式構造」的天花板。近年的調查中，在墓室北側發現了有趣的空間，是2個擁有重力分散式構造的獨立小房間，以及向北延伸的通道。這些構造的目的是什麼，至今仍未明朗。斯尼夫魯法老只花了14年就完成這座階梯金字塔，還順便在美杜姆西方的高台上，建了用來祭祀的小型階梯金字塔。

當時的斯尼夫魯法老實力堅強，根據《巴勒莫石碑》上的年代記，他當政時，從南方的努比亞抓了7,000名俘虜、20萬頭家畜當戰利品，還從北方的黎凡特砍伐松樹，造了40艘大船，在埃及境內的三角洲設置了122座帶有牧場的領地。

斯尼夫魯治世第15年，他將王都移到重要度不斷提升、同時也北鄰黎凡特交易據點的代赫舒爾，在此開始建造新的四角錐王墓（詳見次章）。不過，因為新的金字塔在構造上有許多問題，斯尼夫魯在登基第28年回到美杜姆，嘗試把階梯金字塔改造成真正的金字塔，並完成了斜度51°50' 35"、高達92公尺、底邊長144公尺，超越尼特傑里赫特階梯金字塔的巨大金字塔。這座金字塔被稱為「不朽的斯尼夫魯」，可惜的是，在新王國時代以後，外裝的裝飾板和填充劑都被盜挖一空，現在成了有如3層塔般，露出內部構造體的形狀。

斯尼夫魯其後又在代赫舒爾另起爐灶蓋起金字塔，他建設的4座金字塔，耗用的石材總量，甚至凌駕於埃及最大的古夫金字塔。考量歷史的背景，他並非一開始就打算要蓋4座金字塔，而是在不斷重試、修正下，達到了完成4座的結果。重要的是，在之後的吉薩金字塔工程中，也能看見這種不知放棄的「Trial & Error」精神，這份毅力正是誕生於古王國第四王朝，這個金字塔最傑出的時代。

斯尼夫魯金字塔的內部構造

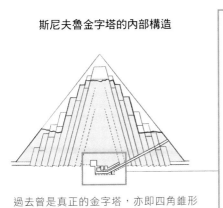

過去曾是真正的金字塔，亦即四角錐形狀，但隨著裝飾板和填充材料剝落，形狀也跟著改變。

（改繪自Monnier, F 2017 p.17）

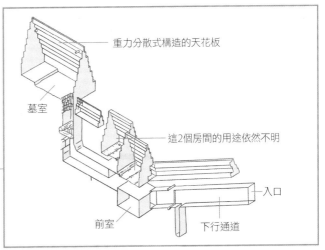

重力分散式構造的天花板

墓室

這2個房間的用途依然不明

前室

下行通道

入口

金字塔複合體與
大墓園
Construction site
selection

被稱為「斯尼夫魯永垂不朽」的王都美杜姆，
擁有以斯尼夫魯法老的葬祭神殿為
中心的建築物群。
在此，也發現了古王國時代重鎮們的美麗坐像。

連接葬祭神殿的
參道遺址，一直
延伸到東方200公
尺左右的位置。

石碑上什麼都沒寫，或許是因為這座金字塔是空墓的關係。

在美杜姆發現保存狀態極佳的坐像。左為拉霍特普，右為諾弗萊特。

金字塔與其周邊的一系列喪葬相關建築物，被統稱為「金字塔複合體」。這些複合體，可大致分為遵循尼特傑里赫特法老創立的「南北軸線」建築配置，以及沿著「東西軸線」的配置。前者結合星辰崇拜，將葬祭神殿設在金字塔北側；後者則是因著太陽信仰，而設置在東側。這當中最古老的就是美杜姆。

美杜姆的葬祭神殿保存狀態良好，甚至還保留著屋頂。神殿構造單純，只有入口、一個小而細長的房間，以及深處的露天房間，在其上方，還放了2塊什麼都沒寫的神祕圓弧石碑。這裡的規模不大，與其說是葬祭神殿，更像是禮拜堂，可能是因為美杜姆的金字塔其實是座空墓，斯尼夫魯法老並沒有埋葬在這裡。在距離這座神殿東方約200公尺的岩盤上，發現了鑿岩而成、帶有側壁的參拜道路，但這條參道的前方，卻沒有日後成為標準的河岸神殿，只有日曬的泥磚牆，沿著東西向延伸。或許是因為這裡不需要運送法老木乃伊的港口，以及與製作木乃伊有關的河岸神殿吧。

但因為美杜姆是被稱作「斯尼夫魯永垂不朽」的王都（這同時也成了金字塔的名字），這裡也建了許多王族和高官的陵墓。在其中一座墓中，發現了被稱為「古王國時代最佳傑作」的拉霍特普與諾弗萊特坐像。他們的墓建在金字塔北側的王家墓地中，雕像就安置在陵墓裡。

拉霍特普既是赫里奧波里斯的大祭司，也是軍事長，更是斯尼夫魯法老的兒子。雕像擁有一副精實的小麥色身材，上唇還蓄鬍。其妻諾弗萊特，名字意為「美麗的女子」，雕像有著雪白肌膚，穿著半透明的亞麻衣裳，頭頂假髮。現在收藏在開羅博物館中的這對夫婦坐像，保存狀態良好到讓人難以想像是4,500年前的產物，也能讓人鮮明地想像，在那個建造金字塔的時代，人們是何種樣貌。

在宰相涅佛馬特之妻阿岱特墓中發現的壁畫，保存狀態非常良好。畫中的鳥是埃及雁。

反覆修正的
曲折金字塔

Trial-and-error
pyramid

「四角錐」。第一個採用這種形狀的，就是斯尼夫魯法老。
但在過程中，卻遇上種種困難，「變形金字塔」的形狀，
正可說是反覆嘗試錯誤的象徵。

從建造途中開始調緩斜度
為了打造無負擔的構造
而匯聚智慧的形狀

斯尼夫魯法老的曲折金字塔。至今依然保留著裝飾板，是保存狀態相對良好的金字塔。

禮拜堂（小型的葬祭神殿）。古埃及人是否真的在這邊舉行喪葬儀式？目前仍無法確定。

斯尼夫魯治世第15年，將宮廷遷到代赫舒爾，並在此嘗試建造史上第一座真正的金字塔。深入我們印象的這種四角錐金字塔形狀，正是始於這位法老之手。但當時是個「大實驗時代」，這座最早的真正金字塔，在建造途中碰上各式各樣的問題，不得不斷變更計畫。

最初的設計是以相當陡峭的60°，建造出小型的四角錐金字塔，但地盤無法承受巨大石材的重量而落陷，帶來內部構造崩塌的危險性，只得擴張基地，把角度調整成略緩的55°。石材採朝內部傾斜的傳統堆積法，但這也造成了金字塔承受的壓力更重，最後被迫把角度改成相當平緩的43°，石材也改成水平堆置。最終的成果雖然達到高105公尺、底邊長188公尺的空前巨大規模，卻蓋出了在45公尺高處開始改變斜度、形狀奇妙的建築物「曲折金字塔」。

金字塔東北角的裝飾板、石材缺失了。這些石材被挖去回收再利用。

「曲折」的位置。在高度45公尺處，角度從60°降到55°，形成特殊的金字塔形狀。

刻有斯尼夫魯法老象形繭的石碑。

斯尼夫魯在金字塔的內部也做了實驗。在這座金字塔中，為了讓法老離天上的太陽更近，首度把墓室從地下移到地上。當時，把法老當成太陽神的信仰才剛萌芽，斯尼夫魯是第一個起用在王名周圍加上橢圓框「象形繭」的法老，這個框象徵著法老將會統治太陽行經的所有土地。

有如配合太陽信仰的抬頭，金字塔的入口也不像過往朝著拱極星所在的北方，而是設置在太陽下沉的西方，並且設計了2條通道和2個有著重力分散式構造天花板的墓室。

曲折金字塔的複合體，首創包含了河岸神殿、參道、葬祭神殿等一系列建築的傳統。河岸神殿建於距離金字塔東北角約600公尺處，有趣的是，在近年的發掘調查中，發現此處在河岸神殿之前，還有更古老的建築物。

這是一座由日曬泥磚打造，被巨大庭園包圍的祭祀儀式場。沙漠中栽培著椰子、檉樹，

河岸神殿下層的庭園遺跡。這裡曾栽植了椰子、槭樹、柏樹等300株以上的樹木。

利用裝飾板的承重構造，可以看出金字塔的傳統工法。

從河岸神殿到金字塔
（改繪自Lehner, M 1997, p.104 ）

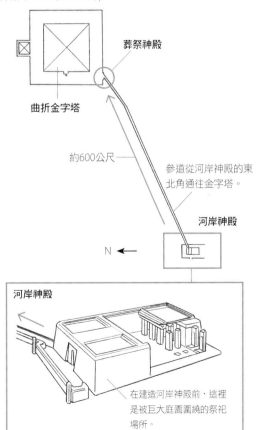

葬祭神殿

曲折金字塔

約600公尺

參道從河岸神殿的東北角通往金字塔。

河岸神殿

N ←

河岸神殿

在建造河岸神殿前，這裡是被巨大庭園圍繞的祭祀場所。

還有從黎巴嫩運來的柏木等樹木，其總數甚至超過300株。神殿裡，可發現進行祈禱豐收的儀式痕跡，在神殿工作的神官們居住的城鎮輪廓，也逐漸鮮明了起來。

　　從河岸神殿出發的參道，連通到東方的葬祭神殿，這座神殿的規模也很小，只有禮拜堂和2塊什麼也沒刻的石碑，很難想像是在這裡舉行法老的葬禮。所以也有研究者以此當成佐證，認為這座金字塔並非真正的埋葬處，而是一座空墓。

斯尼夫魯法老最後打造的金字塔。他的遺體説
不定就埋葬於此。

紅金字塔與
畜牛頭數普查

Red pyramid and
cattle counting

建於斯尼夫魯王朝末期的「紅金字塔」。
這座被認為是在短期內建成的巨大金字塔，
勞動者們留下了寶貴的紀錄。

上／從正下方看重力分散式構造的天花板。
下左／以重力分散原理打造的前室。
下右／這份浮雕記錄了斯尼夫魯法老的王位更新祭典。

在斯尼夫魯登基的第30年，隨著王位更新祭典的舉行，他開始興建最新的、同時也是任內最後一座金字塔，位置選在曲折金字塔北方2公里的地點。

這座金字塔高105公尺，底座長220公尺，雖然相當巨大，但斜度只有43°22′，和曲折金字塔的上部相同。這很明顯是考慮了建造曲折金字塔時的失敗經驗。

金字塔外層的裝飾板經年累月下剝落，並散落在周圍，許多石材上頭，都出現古代工人們留下的紅色塗鴉。雖然分類在「塗鴉」，但這個時代留下的，幾乎都是用筆記體書寫的官

方文字資料，甚至還提及「第15次畜牛頭數調查，西南的隅石」。這項調查大約每2年舉行一次，所以表示斯尼夫魯在位已經30年了。

從基底向上30層，還發現了記有4年後日期的塗鴉。若以此推測，過往認為花了至少15年，甚至20～22年的歲月才建成的紅金字塔，實際可能只花了10～11年。

這座金字塔內部的所有房間都位於地面上，發現2間天花板呈重力分散式構造的前室，以及1間墓室，總共3間房間。正如先前所述，房間的位置，反映了法老與身為王墓的金字塔，在這個時代被當成太陽的象徵。實際上，這座金字塔在古代的名字是「輝煌的斯尼夫魯」。墓室在後世遭受慘烈的盜挖，連地面都被剃走了，但卻發現了1個頭蓋骨，腦已被移除，裡頭還有注入樹脂的痕跡。不過，這究竟是不是斯尼夫魯的頭骨，至今仍未確定。

這座金字塔的複合體幾乎沒有留下來。雖然當時應該有蓋河岸神殿，但至今仍沒被發掘出來，也似乎沒有建造參道。這些都被認為是因為法老突然駕崩，而在倉促下收尾工程的證據。位於金字塔東方的葬祭神殿，與先前的幾座比，構造已經有了相當程度的進步，除了有中庭、用來種植物的圓坑，還蓋了裝飾著假門的禮拜堂。非常有趣的是，在這附近還發現了本該設置在金字塔尖端的頂石（Pyramidion）碎片。雖然與古代的位置不同，但現在這塊頂石被展示在葬祭神殿的中心處。

上／金字塔尖端的頂石「Pyramidion」。
下／紅金字塔的墓室內部。在猖獗的盜墓下，連地面都消失了。

這些看似「塗鴉」的文字

為筆記體的文書

是顯示當時調查的珍貴紀錄——

上／在紅金字塔發現的塗鴉之一。這一塊不是裝飾板,但卻是了解當時生活樣貌的珍貴紀錄。
下／中王國時代的模型,重現了畜牛頭數普查的情景。

賽拉的小型金字塔

Small mysterious
pyramid

這些金字塔雖然高度不到7公尺，
卻是對王族崇敬的中心象徵，
擔負著重要的任務。
它們也是往後建造巨大金字塔的原動力。

「法老的象徵」
也是朝向巨大金字塔
邁進的布局──

賽拉的小型金字塔。同樣規模的共有7座，設立在上埃及地區。

賽拉小型金字塔平面圖
高度6.8公尺、底邊長25公尺，小規
模是一大特色。
（改繪自Lesko, L. H 1988, p.233）

比起其他金字塔，這裡的
石材也選用較為小型的。

建造金字塔的全盛期——第四王朝開始時，在上埃及地區，蓋起了7座神祕的小型階梯金字塔（但在現今的下埃及地區，卻一座都沒有）。這些金字塔因為沒有墓室和下部構造，被稱為「異端金字塔」，一般認為大部分都是由斯尼夫魯的父親胡尼（Huni）法老興建的。不過有一座卻是出自斯尼夫魯之手，這正是賽拉的金字塔。

這座金字塔建於美杜姆金字塔西側的沙漠高台上，高度6.8公尺，底邊長25公尺，相當小型。

這7座金字塔的位置，都是古代的州城，考慮到這點，或許這些小型金字塔是為了促進中央集權，建來當成王權的象徵，在此進行王族崇拜，並建構把地方經濟整合進國家經濟的系統。也正是這套系統，最後成了實現興建巨大金字塔群的原動力。

過去的古王國時代金字塔研究，都只把焦點放在實際建造金字塔的孟菲斯（Memphis）地區，但現今的學者不只關注建造技術，也有不少人致力研究當時國家是以什麼體制推動金字塔的建設，採取更概括性的視角。

在接下來的吉薩章節，我將繼續介紹，考古學家在可上溯到古夫法老時代的東方沙漠，發現最古老的莎草紙文書，以及蘇伊士灣的港口興建工程。當時的人為了從西奈半島獲得銅礦和綠松石而開拓道路，想方設法確保從西方沙漠中「雷吉德夫法老的水之山」採取的礦物，還從黎巴嫩進口了杉木和橄欖。這些史料都聚集在「金字塔城鎮」，從其出土文物，我們將能了解這個時代的人們和物資的大致流動，也就是所謂「王之道」的經濟網。

選定建造金字塔的位置

Construction site
selection

吉薩的大金字塔，
絕對是世界上最知名的「金字塔」。
即便到了近年，在各式各樣的調查下，
仍然不斷有新的發現。

古夫法老的王墓大金字塔，建於距離現代的埃及首都開羅中心，大約西南方20公里處的吉薩台地上。在西元前2500年的當時，究竟是由誰、以什麼的方式來決定王墓要蓋在這裡的呢？

在近25年來的發掘調查中，發現擁有三大金字塔的吉薩台地，不只是王墓、貴族陵墓、葬祭神殿林立的「死者之都（Necropolis）」，同時也存在著貴族和勞動階級的住處、王族居住的王宮，是一座「活人們的都市」。簡言之，這裡就是法老行使政權的首都。選擇吉薩台地的理由，包括這裡是重要的政治據點，也有著宗教的意義，還能採到大量的金字塔建材石灰岩，對土木工程相當有利。再加上古夫法老的父親——先王斯尼夫魯在建造自己的金字塔時，曾因代赫舒爾的地層下陷吃盡苦頭，所以選擇了地基紮實的建造位置。

或許當初是由古夫法老自己，以及有著「所有法老建築物的監督者」稱號的宰相海姆伊烏奴（Hemiunu），還有眾多朝臣一起選擇了吉薩台地吧。

當時的埃及，和黎巴嫩等地中海沿岸地區

站在「南之丘」上的古夫法老與朝臣。建造金字塔的位置，是基於政治觀點、宗教觀，以及搬運的便利度等因素選定的。

的貿易相當繁盛，把王宮從南方的首都美杜姆，遷移到更北邊的吉薩，也很合乎地政學的邏輯。至於宗教上，在太陽信仰發源的尼羅河東岸——赫里奧波里斯和吉薩，以金字塔為基準點，剛好坐落於對角線上的兩端，顯示了兩者的關聯。

最重要的是，吉薩台地是由東西寬2.2公里、南北長1.1公里的巨大石灰岩層構成，這種地形不只可以興建採石場，也很適合當成金字塔的地基，因為金字塔不能蓋在沙漠的沙地上，得像石灰岩這般堅固的堆積層才行。這裡的地層形成於始新世，也被稱為「摩卡坦層（Mokattam）」。

但古夫法老不是第一個發現這裡的人。根

吉薩與赫里奧波里斯的位置關係示意圖

金字塔、金字塔城鎮與其周邊的當時情況，隨著發掘調查逐漸明朗。

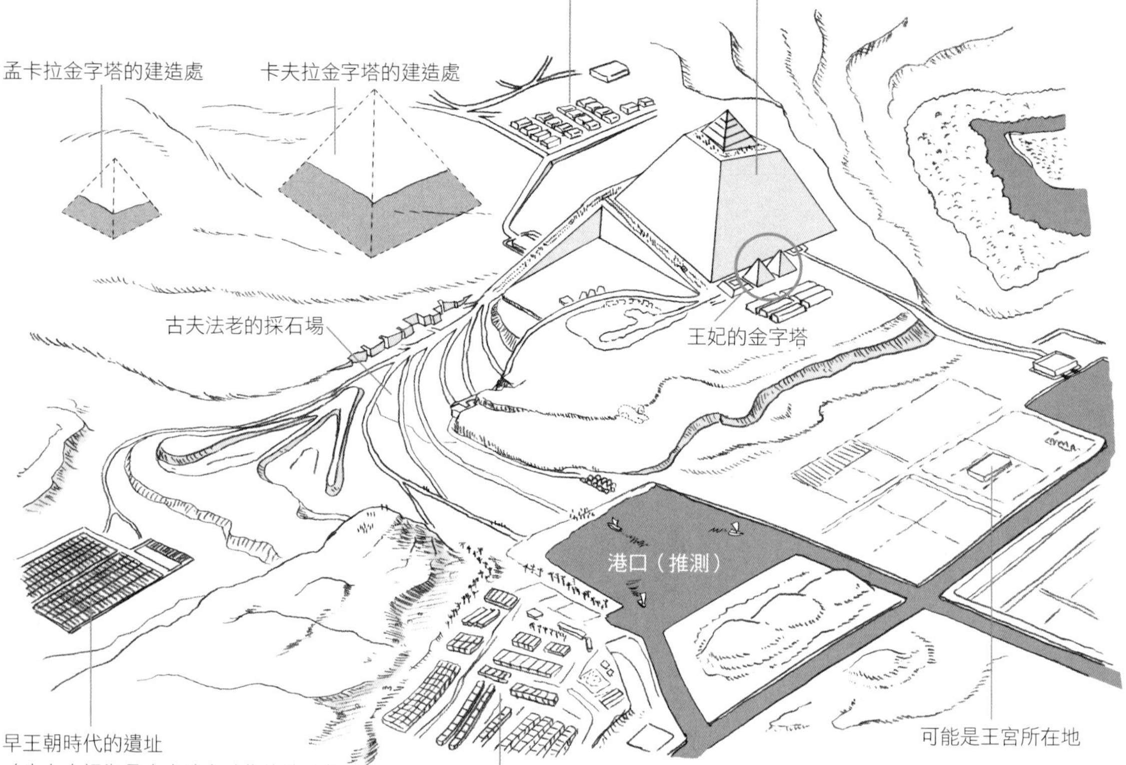
西之墓地
古夫金字塔（即將完成）
孟卡拉金字塔的建造處
卡夫拉金字塔的建造處
古夫法老的採石場
王妃的金字塔
港口（推測）
早王朝時代的遺址
（也有人認為是古夫法老時代的遺址）
金字塔城鎮
可能是王宮所在地

（改繪自Lehner, M 1997, p204-205）

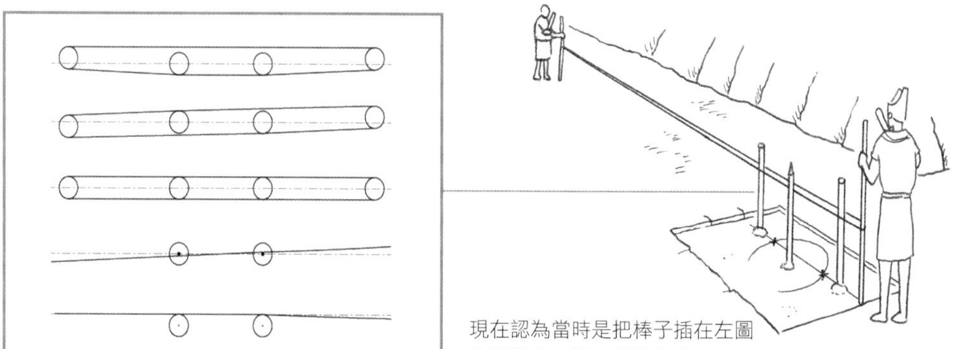

殘存在金字塔周圍的等距圓孔
（從上方看的樣子）

現在認為當時是把棒子插在左圖的圓孔中，用來測量方位。

左右插圖皆改繪自（Isler, M 2011, p186）

據1900年代初期的考古學調查，吉薩台地上也有著早王朝時代（約為西元前2900～2545年）的馬斯塔巴墳，以及小規模的聚落。在尋找適合建造巨大金字塔的場地時，古夫法老的朝臣們，也當然遵循了祖先們的足跡。

建金字塔，可不是把建材石灰岩切出來，然後往上搬一搬就完事了。這是個龐大的國家級計畫，必須先造鎮、組織人群，定下各種配給，再建造能從埃及國內或海外運送物資的港口和運河，也要確保人們行動的路線。這規模空前地大，技術上也有許多初次嘗試，他們有著怎樣的興奮或恐懼呢？至今還沒發現記錄當

出土自阿拜多斯（Abydos）的古夫法老雕像。比起金字塔的雄
偉規模，發現的卻是只有7公分左右的迷你象牙製坐像。

在金字塔裡發現的偉大法老的迷你雕像

時人們心情的文件，從現在能找到的考古學資料中，也完全無法得知。

摩卡坦層的南方，有個叫做「南之丘」，也被稱為瑪迪層（Maadi）的黏土質地層，在這裡能一覽吉薩台地的全貌，考古學家想像，或許古夫法老和朝臣們，就是在這裡商討建造金字塔的計畫。這裡的標高剛好與古夫金字塔的地基等高，也能看到所有關於金字塔工程的要素，包括金字塔、金字塔複合體、馬斯塔巴墳墓群、採石場、人們行走的道路，以及古代的居住地。站在這裡，思緒不禁向王者們的心情馳騁。

紅海的港口與最古老的莎草紙文書

Red Sea Harbor and
oldest papyrus document

建設金字塔所需的素材，
是從各地匯聚而來的。
描繪當時情景的紀錄
都被寫在最古老的莎草紙文書上。

位在加夫谷港畔的營舍遺跡，遠處的背景可看見紅海。

光靠吉薩台地，是無法蓋完金字塔的。雖然有石材，但從吉薩的摩卡坦層採到的石灰岩，品質並不夠好，裝飾金字塔表面的優質白色裝飾板，還是得從對岸的圖拉（Tura）採石場採取。用於金字塔內部與周圍神殿的黑色玄武岩和紅色花崗岩，在吉薩近郊也採不到，分別產自西南約62公里的法尤姆地區的法拉斯谷、以及距離680公里的亞斯文；而最硬石材之一的深綠色片麻岩，則只能遠赴往南800公里的努比亞，在沙漠深處一座名為「吉貝爾艾爾阿瑟（Gebel el-Asr）」的採石場採到。古埃及人組成遠征隊，沿著尼羅河上溯、探查沙漠，只為探尋珍貴的石材。

近年在紅海沿岸的遺跡「加夫谷（Wadi al-Jarf）」發現了被稱為「梅勒日記（Diary of Merer）」的文件，是埃及最古老的莎草紙文書。生活於古夫王朝的監督官梅勒，在上頭記載了自己和其下屬（既是水軍，也是切割、搬運石材的作業員）的活動。根據這份日記，梅勒和部下是藉由尼羅河的運河，往來圖拉的採石場和吉薩台地之間，並搬運優質的石材。運河的途中設有「池塘」（可能是像港口的設施），他們在那裡建築堤防，並住在港邊。

梅勒一行人還從吉薩前往東邊的西奈半島，那裡盛產銅礦和綠松石。銅在4,500年前是最強的金屬，這時的鐵還只能從天空掉下來的隕鐵獲取，是相當稀少的礦物，青銅這種含有錫的銅合金也相當貴重，只會用在部分陪葬品的裝飾上。當時，埃及最重要的銅礦床就在西奈半島上，考古學家在奈斯普谷發現大量的礦渣山，從其數量推測，當時大約產出了10萬噸的銅。在馬嘎拉谷的岩石上，刻著碑文和浮雕，象徵早王朝的古王國時代法老們，試圖牽制當時住在那裡的遊牧民族貝都因人。從西奈半島的礦床到吉薩台地有300公里的距離，當時的航海技術發達，所以梅勒不只走陸路，還橫跨紅海，找到了直通西奈半島的捷徑。

我站在加夫谷港附近，面向紅海。眼前是古夫王朝時代曾經使用的碼頭，一直延續到海中。

留在埃及國內的古夫法老痕跡

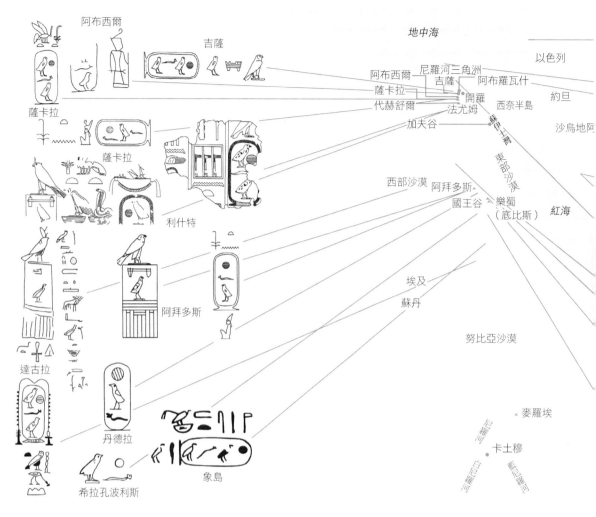

地中海

阿布西爾

吉薩

以色列

阿布西爾
尼羅河三角洲
吉薩　阿布羅瓦什
薩卡拉
代赫舒爾　開羅
法尤姆
加夫谷

約旦

西奈半島
蘇伊士灣

沙烏地阿

薩卡拉

薩卡拉

利什特

西部沙漠
阿拜多斯
國王谷　樂蜀
（底比斯）

東部沙漠

紅海

阿拜多斯

達古拉

埃及

蘇丹

努比亞沙漠

丹德拉

象島

希拉孔波利斯

麥羅埃

尼羅河

卡土穆

白尼羅河

藍尼羅河

被稱作「梅勒日記」的埃及最古老莎草紙文書。
梅勒是古夫王朝時代負責監造金字塔的官員名字。

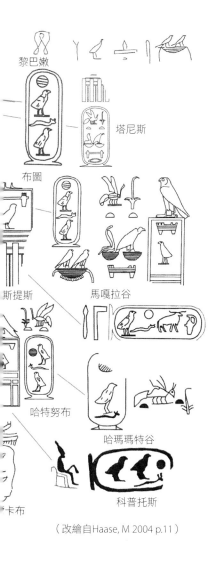

黎巴嫩

塔尼斯

布圖

斯提斯

馬嘎拉谷

哈特努布

哈瑪瑪特谷

卡布

科普托斯

（改繪自Haase, M 2004 p.11）

上／加夫谷的遺跡。在這裡發現了記載著切採、搬運石材細節的莎草紙文書。停靠船隻的洞穴入口已塞滿岩石。
中／發現梅勒日記的地方。
下／解體的船藏在這座倉庫裡。

建造金字塔不可或缺的
是朝向國內外的遠征、開拓精神

　　梅勒他們之所以需要銅，是為了製作銅製的剎刀和鋸子，以加工玄武岩或花崗岩。實際上，如果光靠銅，是沒辦法切割這些堅硬的火成岩的，但若利用沙子當研磨劑，就可以加工石材。不過因為銅馬上就會磨損，所以需要的量很大。

　　為了建金字塔，埃及人遠征的足跡不只到達國內的邊境，甚至踏及北方的黎巴嫩和南方的蘇丹。在黎巴嫩，埃及人砍伐有名的黎巴嫩杉，打造象徵當時王權的大船，並進口橄欖等農產。他們也上溯尼羅河，克服途中的洪流，遠征努比亞尋找銅和黃金。

　　從宏觀角度看，讓金字塔得以建造成功的要素，就是這種開拓的精神。

巨石的搬運與斜坡

Megalith transport and ramps

用於建造古夫金字塔的石材，
每個石塊的大小之間，
竟有著脫離常規的差異。
其理由究竟是⋯⋯？

古夫法老的金字塔，在建成當時，高度約
146.6公尺、底邊長230公尺，斜度則約
為51°50'，推測總共使用了265萬立方公尺的
石材。到了現在，覆蓋在表面的優質裝飾石板
已經剝落，金字塔的頂端部分也消失了。

計算露出表面的石材，發現目前古夫金字
塔仍保有202層，石材的總數估計有230萬
個，但每塊石材的高度從48～150公分不等，

而且發現金字塔內部還塞了沙子和瓦礫，所以
實際上是否有這麼多石塊，依然無法確定。

關於石材的大小，用在金字塔底邊的最
高，越往上層越矮，但不可思議的是，到了第
35層，石塊開始變高，然後漸漸變矮，然後
到了60多層後半又開始變高、逐漸變矮，接
著在90層前半、100層左右、120層左右也發
現這樣的規律。這種奇妙的設計，恐怕不是因

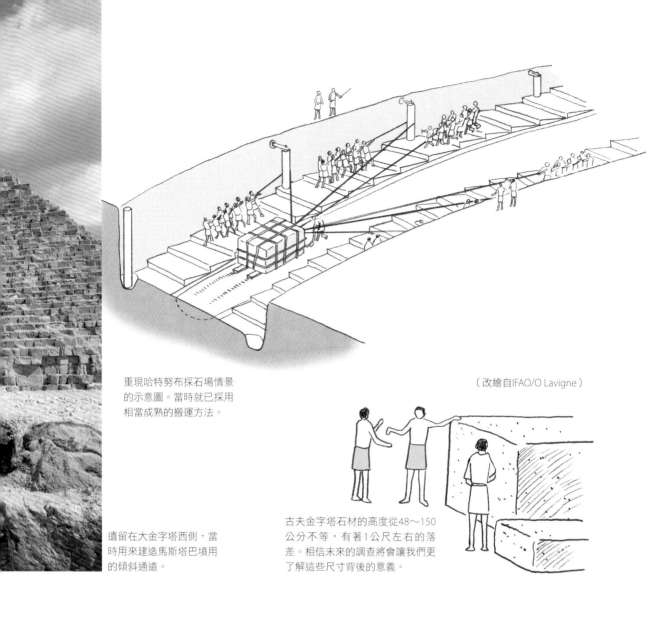

重現哈特努布採石場情景
的示意圖。當時就已採用
相當成熟的搬運方法。

（改繪自IFAO/O Lavigne）

遺留在大金字塔西側，當
時用來建造馬斯塔巴墳用
的傾斜通道。

古夫金字塔石材的高度從48～150
公分不等，有著1公尺左右的落
差。相信未來的調查將會讓我們更
了解這些尺寸背後的意義。

為結構問題，而是跟石灰岩採石場各層的「厚度」有關。

金字塔內部，用了亞斯文運來的巨大花崗岩石材當成墓室的樑，以其尺寸來看，大約有50～60噸的重量。古代人究竟是怎麼把這麼大量，而且笨重的石頭搬上去的呢？

從考古學遺留的證據來看，當時的人很有可能是把石材放在木橇上，再利用繩子拉上斜坡。關於這些工程用的傾斜通道，學界對其形狀和角度有諸多假說，但應該是從採石場直線通往金字塔，再繞著金字塔成螺旋狀吧。

近年在盛產「埃及雪白石膏」這種美麗乳白色石材的哈特努布採石場，也發現了古夫法老時代的傾斜通道。以此為佐證，讓我們了解古埃及人真的是下了許多工夫，才得以把巨石搬上金字塔。考古學家發現的這些斜坡，坡度都超過20°，要用來搬運巨石實在相當陡，但古埃及人在斜道兩側設置階梯，應該是用來當成拖繩工人們的立足點。此外，現場還發現許多等距離設置的圓孔，可能是在孔中插上木製支柱，讓繩子繞過木柱，利用滑輪原理把石材拉上去。

採取石灰岩的方法

How to
quarry limestone

古埃及人到底是如何切割石材的？
本節將藉著實驗考古學，
介紹切割石灰岩的小故事。

建造金字塔時，用得最多的石材就是石灰岩。關於採取石灰岩的方法，目前的知識相當有限，但吉薩台地上遺留的數座採石場遺跡——例如古夫法老時代，大金字塔內部地下未完成的房間，在實驗考古學的研究下，讓我們了解了許多事。

切割石材，首先要從地面挖出垂直深50公分以上的溝槽。溝槽很寬，是因為以當時的技術，還無法生產大型的堅硬金屬道具，所以工人需要拿著銅製的小型鑿刀、木槌和石器，整個人踏進溝裡挖掘。但在隨後的羅馬時代，因為開發出耐久性更高的工具，採石溝槽的寬度也逐漸變窄，省下不少無謂的挖掘工夫。

接著要沿著石塊的水平底面，把石材從岩層上切開來。屬於堆積岩的石灰岩，有著容易裂開的橫向節理，利用這個特性，只要溝槽挖到一定深度，就可以用槓桿原理，或是把大型木材塞進溝中，藉以頂出石材。特別在吉薩台地的石灰岩層中，以一定間隔夾雜著柔軟的泥灰土層，從這裡下手，就可輕鬆切出完整的石材。前述的金字塔石材高度差異，或許就跟泥灰土層的分布有關。

古代的工人還利用水來提高工作效率。岩石中含有的鹽分濃度，會影響石頭的硬度，所以他們會在溝槽中注水，讓石頭吸水後溶解鹽分，進而軟化石材，便於切割。根據法國團隊在加夫谷做的考古實驗，比起乾石塊，切割吸水的石頭，效率可以提升到6倍。

更有趣的是，這種工法會產生1：1以上，也就是與採取出的石材等量的廢棄物。考慮石灰岩的膨脹係數約為1.5，加上為了建設金字塔，約在吉薩台地挖掘了200萬立方公尺的石材，就會必須想辦法處理約300萬立方公尺的瓦礫。這些瓦礫想必是被當成建材重新利用，用來鋪設傾斜通道等工程用的鷹架。

頂出石材的方法

金字塔時代

古羅馬時代

現代

將木材塞進溝中，藉以頂出石材。開發這種工法，是為了切出水平的底面。

實驗考古學家正在切割石材，試圖
驗證當時的工法實際是否可行。

金字塔複合體與船

Pyramid complex
and ship

在建設金字塔時，
尼羅河扮演著重要的角色。
這條大河，也深深影響當時人們的交通問題。

雖然古夫金字塔給人一種孤立於沙漠深處的印象，但它實際上建於尼羅河綠地與沙漠的邊界上。周圍還有用於喪葬儀式的葬祭神殿、船坑、圍牆、參拜道路、河岸神殿、衛星金字塔等各式各樣的建築物，相當熱鬧。這些建築群統稱為「金字塔複合體（Pyramid complex）」。

在古代，水路是人與物品流通的道路，如果要從尼羅河去金字塔，就只能走運河了。首先會抵達製作木乃伊的河岸神殿，現存的古夫河岸神殿，只發現一部分黑色玄武岩建材，其餘的大部分構造，都已被埋在吉薩城鎮的地底下。從這座神殿到金字塔之間，是一條長約740公尺的參拜道路，因為金字塔是建在巨大的石灰岩台地上，這條路的高低差超過40公尺。參道的牆面，後來被拆掉拿去蓋別的金字塔，但從目前發現的殘片，可以想像當時牆上都鋪滿了精美的浮雕。

參道通往金字塔東邊的葬祭神殿，現在只剩下玄武岩的地面，但露天的大儀式廳周圍還是圍繞著花崗岩柱，跟前面幾章介紹的小規模葬祭神殿相比，這裡的規模大了好幾級。雖然考古學家還不知道這裡曾經進行過什麼樣的喪葬儀式，但恐怕這麼大的神殿，也有著象徵「法老永遠的宮殿」的功能。葬祭神殿也被包進圍繞金字塔本體的城牆，成為牆的一部分。

牆面是用圖拉產的優質石灰岩打造，據推測當時的高度應該有8公尺。

在古夫金字塔裡還發現5座船坑，其中3座挖成船的形狀，現在裡頭空無一物。這些象徵性的「船」，或許是法老前往冥界之旅時要搭的，也可能是法老身為太陽神的交通工具；剩下2座船坑則是長方形的，裡面發現了已經解體的巨大木船，這些被拆掉的船，很有可能曾被用於古夫法老的葬禮。

在古埃及，把船拆開再重新組裝起來的行為，本身不帶宗教意義，而是出於實用考量，是一種普遍習慣。現今修復的第一艘船，甲板上的天蓋沒有換氣孔，推測當時是在天蓋上頭鋪上用蘆葦製的草蓆再灑水，利用氣化熱的原理降溫，有如天然冰箱般，讓天蓋下方保持一定溫度，冷卻古夫法老的遺體，使其不致腐敗。第一艘船上雖然沒有實用的船槳與船帆，但近年在第二艘船上發現了用來固定船槳的零件，考古學家分析，這艘船應該是由許多人力划槳，負責牽引第一艘船。

大金字塔東側還有3座王妃們的金字塔，以及為了保持古夫法老的「Ka」（古埃及對生命力的概念，當Ka離開肉體，人就會死亡）而建造的小型金字塔，加上王族們的馬斯塔巴墳，這裡簡直就是王家的死者之都。

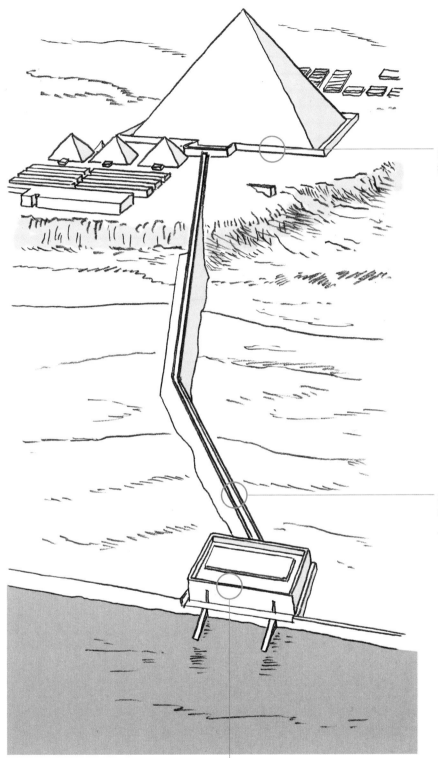

當時環繞金字塔的護牆，推測高達8公尺。

要從尼羅河畔的神殿到金字塔，只能走長達740公尺的參拜道路。

與製作木乃伊有關的河岸神殿，目前對其細節仍不清楚，但部分建材是黑色玄武岩。

（部分改繪自Monnier, F. and D. Lightbody 2019, p.63）

與尼羅河密切相關的
信仰與葬祭

大金字塔
的內部構造與
星辰信仰

The internal structure of
the Great Pyramid,
and the star worship

直至今日，
金字塔內部仍藏著許多未解之謎。
保護墓室的房間、
與星座有關的通氣孔等等，
本節將介紹這些構造背後漸漸
明朗的祕密。

古夫金字塔的內部構造，可說是前無古人、後無來者的獨特設計，在當時絕對是相當具挑戰性的嘗試。先王斯尼夫魯首創在地面上設置房間和通道的設計，但古夫法老擴大了房間與通道的規模，並且進一步複雜化。古夫金字塔內部目前發現3間房間，從下方依序是「地下的房間」、「王妃的房間」、「王的房間（墓室）」。

地下的房間位於地底30公尺處，其實仍未完工，目前只有工人挖掘石灰岩盤到一半的遺跡。半途而廢的理由，推測可能是通往地下房間的「下行通道」太窄，而且太長了（寬1.05

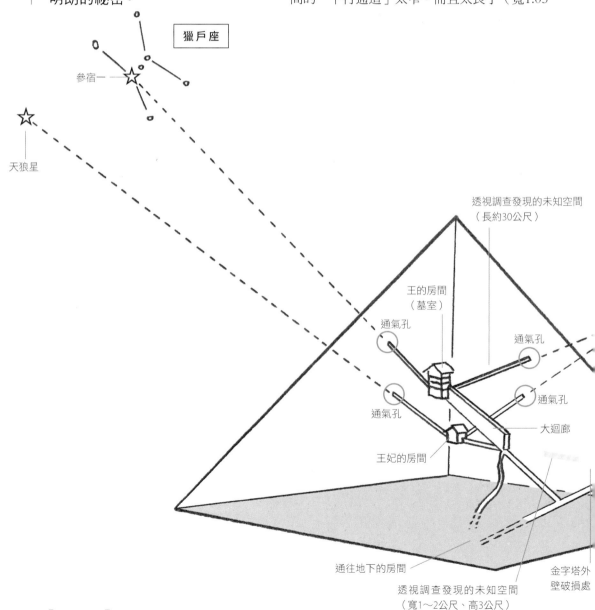

獵戶座

參宿一

天狼星

透視調查發現的未知空間
（長約30公尺）

王的房間
（墓室）

通氣孔

通氣孔

通氣孔

通氣孔

大迴廊

王妃的房間

通往地下的房間

透視調查發現的未知空間
（寬1～2公尺、高3公尺）

金字塔外
壁破損處

公尺、高1.2公尺、長約105公尺）。其斜度更高達26°，光是上上下下就已經相當辛苦，想到還要藉由這條通道，把地底挖出的瓦礫送到外頭，絕對是非常浪費時間的。這個房間有可能是被放棄了，但也有可能是刻意保留這種粗糙的未完成狀態，用以象徵冥界的洞窟。

王妃的房間位於地上30公尺高的位置，是一座寬5.25公尺、長5.75公尺，由白色優質石灰岩打造的美麗房間。其實這裡沒有發現埋葬王妃的痕跡，只是阿拉伯探險家們取的俗稱，實際上有可能是古埃及語中的「Per-Tut（雕像之家）」，在房間東面的大型階梯狀壁

龕，應該曾經安置著死者古夫法老的雕像。房間的北面和南面，有著稱為「通氣孔」的20公分見方小孔，如天線般向外延伸，剛好指向4,500年前的天狼星以及小熊座的北極二。不可思議的是，這些通氣孔，裡頭還塞了石灰岩製的栓子，栓子上頭還裝了銅製把手。

墓室則位於距離地面約43公尺的高度，以亞斯文產的紅色花崗岩打造，在這座寬5.24公尺、長10.49公尺的長方形房間深處，孤零零地放著一座花崗岩做成的石棺。房間裡頭沒有壁畫和碑文，雖然相當樸素，卻很有重量感，在裡頭還會聽到回音。

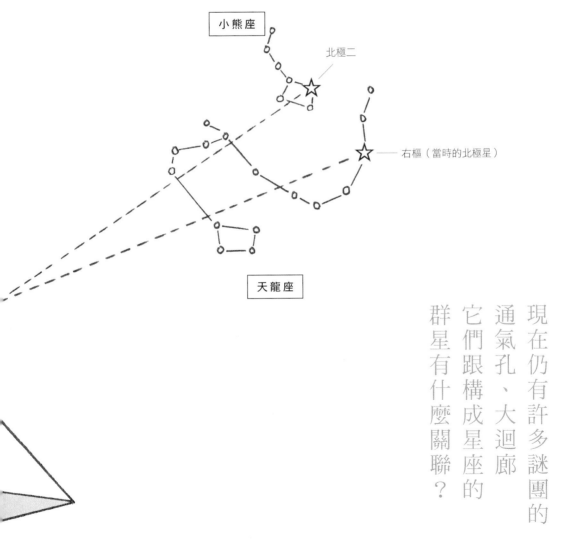

小熊座

北極二

右樞（當時的北極星）

天龍座

現在仍有許多謎團的通氣孔、大迴廊，它們跟構成星座的群星有什麼關聯？

墓室。牆面是用紅色花崗岩打造，色澤黝黑，與王妃的房間形成對比。

王妃的房間。白皙的牆面是因為使用了優質的石灰岩。

花費漫長歲月
終於探明
各個房間的構造與用意

位於金字塔最下方的「地下的房間」。

從上升通道通往墓室的大迴廊。寬2.1公尺、高8.7公尺，天花板部分逐漸收窄的「重力分散式構造」是其特徵。

與王妃的房間相同，墓室的南北壁面也設置通氣孔，各自朝向獵戶座腰帶三星中的參宿一，以及當時的北極星右樞。天花板上乘載著重達50～60噸的巨大花崗岩橫樑，其上方有著5間天花板低矮、如閣樓般的「重力分散室」，應該是用來分攤金字塔上半部的巨大重量，藉以保護墓室。

大金字塔內部最神祕的，就是被稱作「大迴廊」的空間。在埃及上百座的金字塔群中，這座迴廊是目前已知最大的，長46.7公尺、寬2.1公尺、高8.7公尺，採用天花板越往上越窄的重力分散式構造，並且以26.6°的斜度朝向墓室傾斜，讓人有種彷彿要被吸進去的感覺。

這個空間的功能，有人說是用來搬運墓室裡的巨大橫樑，也有人說是葬禮時用來把法老的木乃伊送進墓室，但真相仍未辨明。

近年考古學家使用最先端的技術，就像以X光透視人體一樣，利用宇宙射線緲子偵測器，透視調查金字塔內部，結果在約距離地面60～70公尺處，剛好是大迴廊的正上方，發現了長30公尺，並且截面積（寬度乘以長度）匹敵大迴廊的未知空間。此外，在金字塔北面的入口上方，也發現1個寬1～2公尺、高1～3公尺，有如通道的空間。金字塔本來就有2個入口嗎？最新的調查結果，反而讓古夫大金字塔的謎團更深了。

4

卡夫拉金字塔

Khafre Pyramid

Egypt > 4-1

卡夫拉法老的選擇
——回歸吉薩

Selection of Khafre

雖然古夫法老把金字塔建在吉薩台地上，
但隨著王權交替，王墓的位置不斷移轉。
但到了卡夫拉法老這一代，
他又再度選擇吉薩作為建設金字塔的位置。

古夫法老的大金字塔完成後，吉薩台地上的王墓建設出現了空白。繼任的法老雷吉德夫沒有選擇吉薩台地，而是選擇北方數公里外的阿布羅瓦什，在高台上建立自己的金字塔。他之所以會把阿布羅瓦什當成王墓建造地，背景應該與東方的赫里奧波里斯有關，而這裡正是當時開始抬頭的太陽信仰中心地。

從這個時代開始，王權與太陽信仰緊密結合，王族會在名字中加入太陽神「Ra」的名字，（例如雷吉德夫的本意就是「太陽神是不朽的」），法老們也開始使用「Sa-Rê（太陽的兒子）」這個稱號。

雷吉德夫的兄弟卡夫拉繼任王位時，又把自己的王墓建造位置改回吉薩，他的用意是連結太陽信仰與王家的喪祭禮儀，試圖藉此強化王權。推進這個計畫的，是卡夫拉的宰相、同時也是其叔父安赫哈夫。安赫哈夫是古夫的兄弟，也就是斯尼夫魯法老的子嗣之一。也因此，他一路參與斯尼夫魯建造的4座金字塔、古夫的大金字塔、阿布羅瓦什的金字塔工程，族人蓋的所有金字塔，他都有份，是相當老練的一號人物。

用埃及最硬的石材片麻岩刻製的卡夫拉法老坐像。

歷經一代的空白期
金字塔再度回到
吉薩的台地上

古夫、卡夫拉2座巨大金字塔並列的吉薩台地。卡夫拉法老只稱呼自己的金字塔為「大金字塔」。

他們的計畫相當宏大，就是在古夫金字塔的西南，建立起同等大小的金字塔，這2座巨大金字塔比鄰，打造埃及史上前所未有的雄偉光景。並且刻意設計成到了夏至，太陽會在2座巨大金字塔之間下沉的設計，這在古埃及文中稱為「Akhet（地平線）」，向著沙漠溪谷間西沉的太陽，成為通往冥界的入口，在這裡，死者最後會變成「Akh（受祝福的靈魂）」，這種「Akhet的光景」，一年只能看到一次。而且卡夫拉金字塔和古夫金字塔的西南－東北對角線，延伸24公里左右，還會連到赫里奧波里斯。

金字塔的地基也經過慎重挑選。卡夫拉金字塔的建設者，把建造場所設定在比古夫金字塔地基高出10公尺的地面，並且讓金字塔的角度更陡，藉以營造視覺高度。比較這2座金字塔的大小，卡夫拉金字塔的高度是143.5公尺，古夫金字塔比它高3公尺；底邊長為215公尺，這也比古夫金字塔短了15公尺左右。

不過，最後完成的卡夫拉金字塔，海拔高度為213.5公尺，比古夫金字塔硬是高了7公尺。雖然現在被世人稱為「大金字塔」的是古夫金字塔，但卡夫拉法老曾為自己的金字塔取名「Wer Khafre」（意為「偉大的卡夫拉」或「宏偉的卡夫拉」）。他也曾經稱呼自己的金字塔為「大金字塔」。

從東方升起的太陽照耀著2座金字塔。

金字塔的城鎮

Heit el-Ghurab site

與建造金字塔「現場」相關的人們生活的地方，
這裡就是金字塔城鎮。
生活在太古往昔的他們在這裡吃飯、休息、生活。
本章將介紹目前我們已經了解的當時樣貌。

要執行建造金字塔這麼大規模的計畫，有個東西得先搞定，那就是讓人們棲身的城鎮。過去學界認為古埃及是「沒有都市的文明」，這是因為過去的考古學家，只醉心於神殿裡留存的壯麗浮雕和雕像，以及王墓裡陪葬的財寶，在不斷挖掘「藝術品」之下，累積了偏頗的資訊。

後來，學者成功解讀古埃及語，宗教文件也被翻譯出來，上頭記載著以尼羅河為界，西岸只有墓地、人們則生活在東岸，這種有如夢幻的形象，也跟著普及到一般大眾。不過實際

上，人們從古代就已經相當現實主義。卡夫拉法老和宰相安赫哈夫，就在人面獅身像南方的500公尺處建起城鎮。

這座城鎮，是由美國考古學家馬克雷納率領的國際團隊，在1989年發現的，統稱為「金字塔城鎮（Pyramid Town）」或是「失落的金字塔都市」，關於它的發掘調查，至今已經持續了1／4個世紀。這裡是前述的摩卡坦層的底層，設有港口，並連通到尼羅河延伸出的運河。也因此，金字塔城鎮也可說是一座港灣都市，光就目前的研究所了解的規模，其大小至少有11公頃。

金字塔城鎮的配置圖

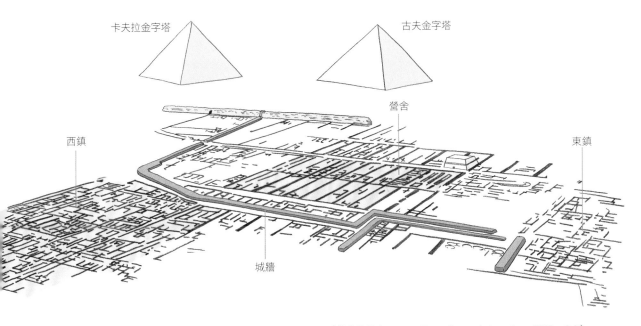

卡夫拉金字塔　　古夫金字塔

營舍

西鎮　　　　　　　　　　　　　　　　東鎮

城牆

（部分改繪自Ancient Egypt Research Associates 2009, p.8-9）

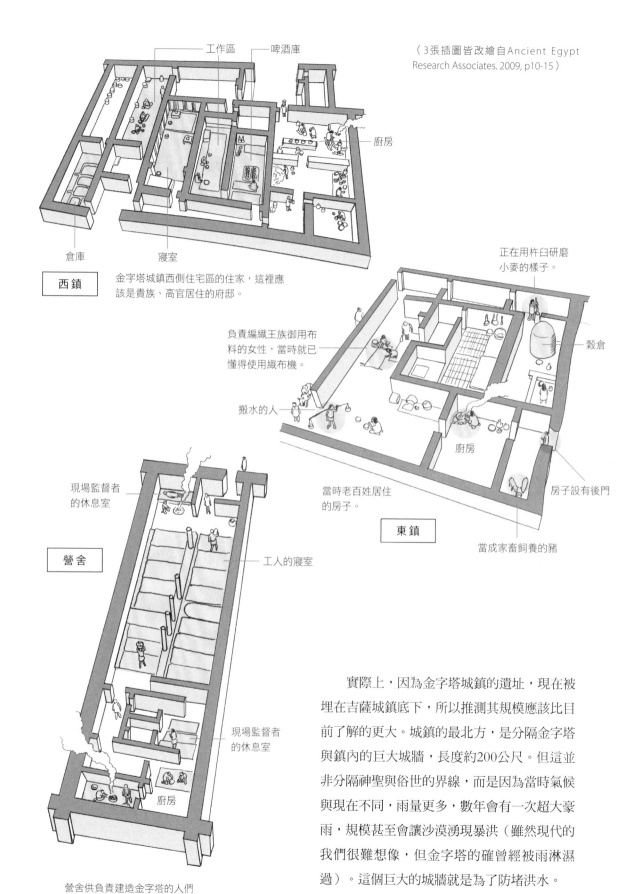

工作區　　　啤酒庫

（3張插圖皆改繪自Ancient Egypt Research Associates. 2009, p10-15）

廚房

正在用杵臼研磨小麥的樣子。

倉庫　　　寢室

西鎮

金字塔城鎮西側住宅區的住家，這裡應該是貴族、高官居住的府邸。

負責編織王族御用布料的女性，當時就已懂得使用織布機。

穀倉

搬水的人

廚房

當時老百姓居住的房子。

東鎮

房子設有後門

現場監督者的休息室

當成家畜飼養的豬

營舍

工人的寢室

現場監督者的休息室

廚房

營舍供負責建造金字塔的人們居住，構造有如日式長屋。

實際上，因為金字塔城鎮的遺址，現在被埋在吉薩城鎮底下，所以推測其規模應該比目前了解的更大。城鎮的最北方，是分隔金字塔與鎮內的巨大城牆，長度約200公尺。但這並非分隔神聖與俗世的界線，而是因為當時氣候與現在不同，雨量更多，數年會有一次超大豪雨，規模甚至會讓沙漠湧現暴洪（雖然現代的我們很難想像，但金字塔的確曾經被雨淋濕過）。這個巨大的城牆就是為了防堵洪水。

城鎮的中心，是用厚達1.5公尺的堅實牆

金字塔工程團隊的組織圖

建造金字塔的人們以組織構成團隊。每個小隊20人，10個小隊共200人構成中隊，5組中隊共1,000人再構成大隊，整個團隊總計約有2,000人。

小隊20人

聯隊2000人

「孟卡拉的朋友們」大隊1000人　　「孟卡拉的酒豪們」大隊1000人

中隊200人　中隊200人　中隊200人　中隊200人　中隊200人　中隊200人　中隊200人　中隊200人　中隊200人　中隊200人

壁打造的「營舍」。其構造是串連許多細長的建築物，有如日式長屋，一座營舍由8～11戶構成，總共會有4棟，從規模來計算，約可住將近2,000人。這些營舍或許是讓那些搬運建造金字塔所需的優質石灰岩、堅硬花崗岩、銅礦、土耳其石的遠征隊們，有一個可以暫時住宿的地方。

營舍的南側則是被兩層牆壁包圍的建築物，裡頭有穀倉。這裡是「王家的證所」，應該是用於管理、發配物品。

城鎮的東部地區，是蓋滿小房子的「東鎮」，這裡的構造有如迷宮，主要供一般老百姓居住。城鎮另一邊的西側則稱為「西鎮」，有著許多間貴族居住的府邸。城南的郊區，則設有養牛的牧場，牧場被30公尺×35公尺的圍牆包圍。

金字塔城鎮的生活相當豐饒，住在這裡的人，可以領到圓錐型的巨大麵包，這一個麵包竟然可以提供9,500大卡的熱量，其他配給品還有山羊肉、羊肉。人們還用得起那時相當珍貴的相思木炭，當成固體燃料大量消耗。貴族們在沙漠遊獵享樂，捕獵瞪羚、狷羚等當年仍數量繁多的草食動物來吃，或者享用配給的柔軟牛肉和大量啤酒，享受著美好生活。

新的港口與航海技術的發展

New port and
development of navigation technology

卡夫拉法老的時代開始，航海技術更加進步。
埃及人改變紅海的航海路線，
與外國的往來更加頻繁，
也開始進口各式各樣的物資。

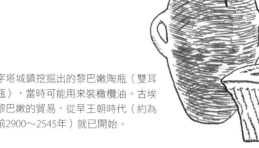

在金字塔城鎮挖掘出的黎巴嫩陶瓶（雙耳細頸瓶），當時可能用來裝橄欖油。古埃及與黎巴嫩的貿易，從早王朝時代（約為西元前2900～2545年）就已開始。

卡夫拉法老和父親古夫法老一樣，也派遣遠征隊到國內外，藉以獲取銅礦、土耳其石等各式各樣的礦物，以及黎巴嫩的杉木和橄欖。

古夫法老時代，要前往西奈半島的銅礦山，就要從紅海沿岸的加夫谷港出發，但卡夫拉卻選擇在吉薩近郊新建了名為「艾因蘇赫納」的港口，因為加夫谷港是從卡夫拉的祖父、斯尼夫魯時代就完成開拓的港口，當時的王都位於南方的美杜姆，從這裡移動到西奈半島最方便，只要乘船航行50公里左右便能橫跨蘇伊士灣。

不過隨著王墓建造的工程，首都移轉到北方的吉薩，紅海沿岸的港口也得跟著北遷，所以卡夫拉就在吉薩西方約125公里處興建了艾因蘇赫納港。

從這裡出發到西奈半島的銅礦山「馬嘎拉谷」，雖然有110公里的航程，但當時的航海技術已有飛躍性的發展。這座港口也用來當成交易據點，與地處「非洲之角」的「邦特之地」（後代的古埃及人稱其為「神之國」，盛產黃金、香料、黑檀木等高級物品）做生意。

古埃及人與北方的黎巴嫩，從早王朝時代（約為西元前2900～2545年）就有貿易往來，斯尼夫魯法老在任時，就曾進口大量的黎巴嫩杉木，卡夫拉法老的時代，更開始進口橄欖，在金字塔城鎮裡，也發現了產自黎巴嫩的雙耳細頸陶瓶碎片，經由碳元素分析，發現瓶子裡曾裝過橄欖油，還用橄欖枝當成繩子捆在外頭。

在這個時代，卡夫拉頻繁使用南方努比亞沙漠中的吉貝爾艾爾阿瑟採石場，明顯到讓這裡甚至被稱為「卡夫拉的採石場」。在卡夫拉的採石場中，可以取得在埃及發現的礦物中最為堅硬、稀少的半透明深綠片麻岩，古埃及人就用這種礦物製作法老的雕像。

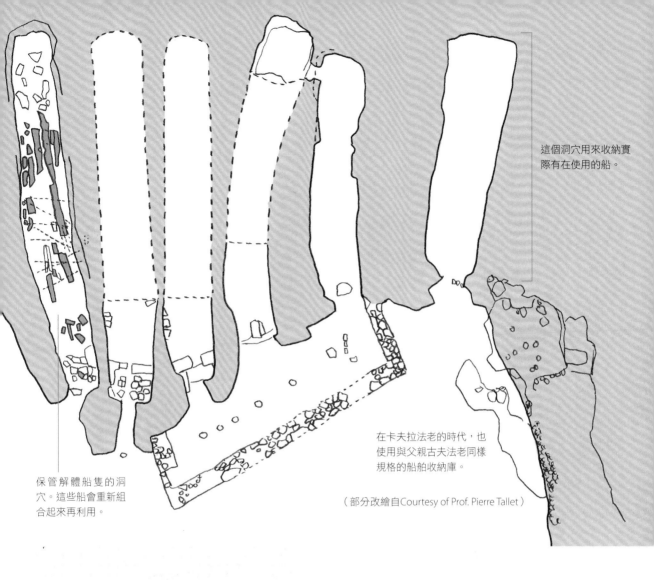

這個洞穴用來收納實際有在使用的船。

在卡夫拉法老的時代,也使用與父親古夫法老同樣規格的船舶收納庫。

(部分改繪自Courtesy of Prof. Pierre Tallet)

保管解體船隻的洞穴。這些船會重新組合起來再利用。

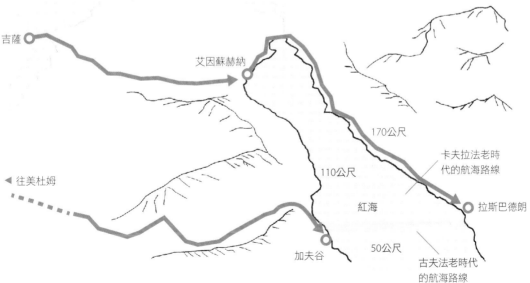

吉薩

艾因蘇赫納

往美杜姆

170公尺

110公尺

卡夫拉法老時代的航海路線

紅海

加夫谷

50公尺

拉斯巴德朗

古夫法老時代的航海路線

從加夫谷出發的南向航海路線(古夫法老時代)與從艾因蘇赫納出發的北向航海路線(卡夫拉法老時代)。從卡夫拉時代開始,也會走紅海東岸的陸路。

金字塔複合體與法老的葬禮

Khafre's
Pyramid Complex

古埃及人相信死後將前往神的世界。
所以舉行儀式，清淨法老的肉體，
並製成木乃伊埋葬。
我們現在已經越來越了解這些過程。

卡夫拉金字塔，以及人面獅身像等金字塔複合體。左後為孟卡拉金字塔。

河岸神殿的牆面石材是紅色花崗岩。

河岸神殿的通道下方挖出了卡夫拉法老的坐像。現在挖掘遺跡的坑洞被鐵柵欄蓋住。

河岸神殿的通道地面，是用半透明的埃及雪花石膏鋪成。

卡夫拉金字塔是現存的古王國時期金字塔中，保存狀態最優良的一座。其高度為143.5公尺、底邊長215公尺、斜度53°10'。在金字塔頂，還保留著品質優良的裝飾板，讓人得以想像它本來的樣貌。金字塔複合體的保存情況也相當良好，於是我們得以了解其全貌。

在古代，人們是從東方經由運河來到吉薩台地。停泊船隻的碼頭遺跡，如今仍殘存在金字塔複合體的入口。雖然現在幾乎全部都埋在黃沙和城鎮底下，但這裡曾是港口的一部分。碼頭外還有2條長達24公尺、寬約1.5公尺的長緩坡道，通往河岸神殿。

神殿前仍保留著把法老遺體做成木乃伊時的「清淨之天幕」遺跡，神官在這裡將內臟從卡夫拉法老的遺體中取出，並從枕骨大孔或鼻腔掏去腦漿，由於作業過程充滿腐臭味和血腥，所以不會在神殿內，而是在簡易式的天幕下操作。也因為需要用水來洗淨，所以才會把神殿蓋在碼頭旁。接著神官會用香油洗淨遺體，再用繃帶包住全身，製成木乃伊。在河岸神殿的東北，發現一座用日曬磚搭成的平台遺跡，或許這裡是用於王妃和王子們的葬禮。

製作完成的木乃伊會被搬進河岸神殿，殿內使用了從埃及全境挖來的各種石材，神殿的主架構是巨大的石灰岩，表面鋪滿亞斯文的紅色花崗岩，地面則是美麗的乳白色埃及雪花石膏，並且安置了用深綠片麻岩雕刻的法老們的坐像，用來象徵24小時。木乃伊被安置在中央的禮堂後，會待上273天直到完全乾燥。

其後，神官們會通過長495公尺的參道，將木乃伊搬到稱為「法老永遠的宮殿」的葬祭神殿。雖然現存的遺址只剩下地基，但當時的參道，牆面上施有浮雕，天花板上還有透光孔。

葬祭神殿也是用巨大的石灰岩砌成，最大的石材重達200噸，現在的天花板已經剝落，但仍能看出格局，其構造有「五大特徵」，在後世金字塔複合體中，也成為葬祭神殿的標準。這五大特徵分別為：①玄關、②列柱禮堂、③5座安置法老雕像的壁龕房間、④5座收納獻給法老雕像供品的倉庫、⑤至聖所。雖然還不清楚「5」這個數字象徵什麼，但根據在第五王朝的阿布西爾發現的莎草紙文書，5座房間之中，正中央的房間會供奉冥界之神歐西里斯的神像。這種配置，或許象徵了從當時開始萌芽的「死去的法老會成為冥界之神歐西里斯」的信仰。

河岸神殿的通道。

這個時代尚未規定木乃伊一定要呈現仰躺的姿勢。根據紀錄，將遺體製成木乃伊，總共要花上273天。

法老在死後化為
冥界之神
成神之路的儀式
有何奧祕？

未完成的大作——
吉薩的人面獅身像
Giza Sphinx

這座半人半獸的雕像
現在以「人面獅身像（Sphinx）」為名而廣為人知，
但我們其實不清楚在建造當時，人們怎麼稱呼它。
這座雕像與神殿，就在未完成的狀態下，
被放置了千年。

即使對古代人而言
也是一座「奇怪的雕像」
擁有人頭獸身的怪物

右／只在夏至時分出現的「Akhet光景」。太陽會出現在兩大金字塔與人面獅身像上方。
下／人面獅身像有如守護卡夫拉金字塔般坐鎮沙漠中。

卡夫拉法老在任末期，開始建造一座前所未有的、長72.55公尺、高20.22公尺的巨大人頭獸身雕像。卡夫拉不只建這座人面獅身像，還包括其東側的人面獅身像神殿（南北長52公尺、東西寬46公尺），當成自己的金字塔複合體的最後一塊拼圖。

對現在的我們來說，吉薩的大人面獅身像，和金字塔、圖坦卡門的黃金面具一樣，都是古埃及的代表象徵，但對4,500年前的當時人類而言，這絕對是一座很奇怪的雕像。通常古埃及的神明形象，都是鷹、土狼、羊等動物的頭部配上人的身體，但人面獅身像卻是戴著飾冠的法老頭部，配上獅子身體的複合體。頭戴法老飾冠的雕像中，在阿布羅瓦什發現的雷

吉德夫與其妻子海特菲莉斯二世的雕像，是現存最古老的一座（與人面獅身像幾乎同時代），但對古埃及人而言，這種頭披飾冠的形象原型，就是挖掘石灰岩盤，用整塊大岩石雕出的這座巨像。

建造人面獅身像的地點，本來是切割金字塔石材的採石場，在這裡切剩的石塊就被古代人拿來利用了。這裡在位置上剛好是古夫金字塔與卡夫拉金字塔間，成為夏至限定「Akhet光景」的一部分。在春分和秋分時，人面獅身像還會與正東方升起的太陽呈正對面，可以看到太陽沿著神殿的中心軸運行，並在卡夫拉金字塔南側沉下地平線的光景。

不可思議的是，即便這是一份把太陽運行

人面獅身像與人面獅身像神殿遺跡，兩者都建於卡夫拉法老在任的末期，也都仍未完工。

上／表現人面獅身像與神殿周邊的3D示意圖。人面獅身像被設計成守護神殿的樣子。
左／人面獅身像與神殿周邊的俯瞰3D圖。沿著人面獅身像的南面，神殿的中心軸延伸線可連到金字塔。
（由Yasumasa Ichikawa/World Scan Project製作）

和建築物位置都納入縝密計算的建築計畫，人面獅身像與其神殿卻以蓋到一半告終，就這麼放置不管。神殿的地面尚未完工，就這麼光禿禿地露在外頭，至於人面獅身像，也不曉得在建造當時是否就被這麼稱呼。現在我們之所以叫它「Sphinx」，是源自希臘神話中有著美女臉蛋和胸部、獅子身體、老鷹翅膀的怪物。古王國時代有許多稱號和形容詞，用來表示各座金字塔與神殿，但關於人面獅身像的詞語，卻

一句都不存在。卡夫拉法老為何放棄人面獅身像的建造計畫？是因為他在即將完成時就駕崩了，或者有其他理由？至今仍是一團謎。

在建造人面獅身像的千年後，新王國時代（約為西元前1539～1077年），人面獅身像信仰開始萌芽。當時的法老們，把被黃沙埋沒的人面獅身像挖出來，在周圍蓋起新的建築物，並在此進行戴冠儀式。隨後開始蓬勃的巨像建造風潮，或許也是從此得到靈感。

這座巨像的建造工程
為何突然中止
其理由與詳情
至今仍是一團謎

據說因為人面獅身像托夢而繼承王位的第
十八王朝法老圖特摩斯四世，為了紀念此事
而在人面獅身像腳邊設置「夢之碑文」

冥界之神
歐西里斯與
金字塔

The god of underworld 'Osiris'
and the Pyramid

卡夫拉法老的金字塔內部構造，
與父親古夫法老的金字塔相比，
意外地單純許多。
話雖如此，包含其理由在內，
仍有許多我們不了解的事。

與古夫金字塔內部複雜的構造相比，卡夫拉法老選擇與祖父斯尼夫魯法老相同的簡約設計。值得特別注意的是，他的王墓設有2個入口，分別是向下挖掘地表而成的「下入口」與位於基底上方11.5公尺處的「上入口」。2個入口各自沿著「上方下行通道」和「下方下行通道」通往金字塔內部，並在途中會合成一條「水平通廊」，連通到墓室。

上方的通道內部鋪滿紅色花崗岩，下方的通道則用石灰岩砌成，因為紅色象徵下埃及，白色則象徵上埃及，或許是用這2條通道共同表現上下埃及。也可能是像接下來的第五王朝金字塔內部銘刻的埋葬文書「金字塔文件」所述，死去的法老靈魂（Ba）會從其中一條通路進入墓室，與象徵歐西里斯的木乃伊合而為一，並化作受到祝福的靈魂（Akhet），再從

卡夫拉金字塔內部，安放石棺的墓室。

另一條通道前往北極星。有趣的是，正如先前章節提到的，近年的調查發現，斯尼夫魯金字塔和古夫金字塔都可能設有2個入口。

從下方的下降通道前往水平通廊的途中，右側設有深10.41公尺、寬3.12公尺的「副室」，天花板呈現三角形的懸山頂設計，既沒有壁龕也沒有通風口，是一間相當樸素的房間，但這裡很有可能曾放著死去法老的雕像或陪葬品。

卡夫拉法老的墓室位於最深處，裡頭建有地上與地下的邊界線。只有天花板的部分比地面高，為了分攤重量而採山形設計，其他部分則呈現向地下挖掘的構造。如果墓室的位置有宗教意義，卡夫拉法老應該是刻意選擇把自己的墓室設置在太陽神拉與冥界之神歐西里斯的交界線上。

墓室的尺寸為，深14.15公尺、寬5公尺、高6.83公尺。南面的牆上用義大利語寫滿了「1818年3月2日 G.貝爾佐尼發現此處」的塗鴉，但在他闖進金字塔內部時，木乃伊和財寶早就被古代的盜墓者洗劫一空，或許是為了洩恨才留下自己的名字吧。

現在的墓室裡，只剩下西側深處的花崗岩石棺，以及裂成兩半的棺蓋。這裡本來鋪著厚重的石材，卡夫拉法老的石棺被埋在其中。地面有個四方形的洞穴，是用來安放卡諾卜罈（設計成人型的陶罐，用來保存木乃伊的內臟以供來生使用）的容器，也是首創在金字塔內部設置這種空間的案例。從地表下挖的入口、設在地底下的墓室，以及埋得更深的石棺、卡諾卜罈容器，或許都與在這個時代抬頭的冥界之神歐西里斯信仰有關。

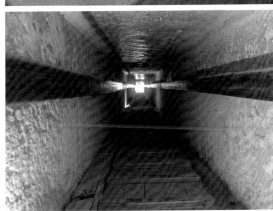

上／卡夫拉法老的石棺。
下／下方下行通道。

設置於下方下行通道的紅色花崗岩製石蓋。

5

Menkaure Pyramid

孟卡拉金字塔

三大金字塔的完成

Completion of
the Three Great Pyramids

孟卡拉金字塔與古夫、
卡夫拉並稱「三大金字塔」，
在3座金字塔中是最小的一座，
原因就在它的建造位置上。

卡夫拉法老的兒子孟卡拉，選擇繼續把王墓建在吉薩，理由之一是吉薩社會基礎建設皆已完備，例如城鎮和港口等人們往來的通路，讓他可以專注在建造金字塔複合體的工程上，無需從頭造鎮。不過他的金字塔，高度約65公尺、底邊長約105.5公尺，底面積僅為1/4左右，與先王們的相比規模甚小，石材的總重量甚至只有1/10。為什麼他要蓋這麼小的金字塔呢？

三大金字塔的集合體。到了
傍晚時分顯得格外莊嚴。

吉薩台地的大部分地形，稱為「摩卡坦層」，是於始新世時代沉積的淺海石灰岩岩盤，東西長2.2公里、南北寬1.1公里，古代人從這塊岩盤上採石當建材，金字塔本身也落腳在堅固的石灰岩台地上。不過在建完古夫、卡夫拉2座巨大金字塔後，剩下能挑的位置就只有西南方的角落了。小規模的基地，限制了孟卡拉金字塔的尺寸。雖然台地的走勢從這裡開始向南緩緩傾斜，古代的建築家們為了盡可能蓋出更大的金字塔，在東南東方的低緩斜面上，鋪設5～20噸不等的巨大石灰岩塊當地基。孟卡拉金字塔的建設者們，也比照古夫金字塔和卡夫拉金字塔的模式，利用隆起的岩盤當成金字塔地基的一部分，藉以節省建材。

對孟卡拉而言，在吉薩蓋金字塔雖然有土地上的限制，卻能直接利用已經完備的社會基礎建設，而且建成的金字塔還能與古夫、卡夫拉並列，這3座金字塔在吉薩成就全新的地貌，有如在地面重現獵戶座的腰帶三星，簡直是與父王卡夫拉手中「Akhet光景」同等恢弘的計畫。

在其後的時代，古埃及人將獵戶座的腰帶三星稱為「Sah」，並將其視為冥界之神歐西里斯的代表，所以三大金字塔的地貌又稱為「Sah光景」。孟卡拉金字塔的古名意為「神聖的孟卡拉」，或許正是因為建了這座金字塔，在吉薩的地表展現出了神聖吧。即便經過4,500年，「吉薩的三大金字塔」這壯闊的景色，依然深深吸引著現代的我們。

上／讓3座金字塔坐鎮吉薩台地的計畫，和「Akhet光景」同樣恢弘。
下／漫漫黃沙中的三大金字塔。

金字塔與垃圾山

Pottery mound in the
Pyramid Town

住在金字塔城鎮裡的人們丟棄的垃圾，
堆成了有如日本「貝塚」般的考古現場。
從這裡，我們也能找到許多
反映當時生活樣貌的珍貴資料。

在堆積如山的垃圾中
甚至能發現
寶貴的文字資料

被稱為「陶器之丘」的垃圾場。雖說是「垃
圾」，但考古學家卻在其中發現大量珍貴的
「生活的痕跡」。

到了孟卡拉的時代，人們依然生活在金字塔城鎮裡，雖然城市持續發展，卻也出現廢墟、或是垃圾山般的廢物堆積場。

對考古學家而言，垃圾山就是寶山。這裡是座塞滿了情報的寶庫，赤裸裸地描述著建設金字塔的生活。在城鎮裡發現了金字塔時代的垃圾場，稱為「陶器之丘」。正如其名，堆滿了陶器的碎片，其中60％都是啤酒壺，高約30～37公分，外觀呈現細長蛋型，做工粗糙。古代的啤酒是高營養價值的飲料，但酒精濃度很低，所以工人們應該是邊喝啤酒邊蓋金字塔。

在這裡也發現大量的動物骨頭，有趣的是，挖掘出的遺物中，只有不到10個部位的小牛骨，並沒有發現2歲以上的牛骨。另一方面卻發現了大量的瞪羚、狷羚、劍羚、旋角羚等野生動物的骨頭，這些應該都是狩獵的戰利品。

在垃圾山裡還發現大量的「封泥」，所謂的封泥，就是用泥土當成封材，就像現代用來封上高級信封或紅酒的封蠟。古埃及會在莎草紙文書、盒子、陶器上施加封印，上頭會標記法老的名字、物品主人的稱號，或是內容物的生產地等資訊。當然，在開封的時候，封泥就會損壞而變成垃圾，但在考古學上，這些殘塊上頭的文字資料，卻是非常重要的遺物。從封泥的堆積狀況來看，在卡夫拉法老與孟卡拉法老的王位交接之際，有相當大量的物資被運送到城鎮裡。

孟卡拉法老時代遺留的碑文宣布：「法老不會強迫人民勞動，希望人人都愉快地工作」。金字塔的建設工程，不是像我們過去相信的強迫奴隸勞動，而是提供老百姓配給制的豐富飲食，在合理的組織體系下，人們共同誠心為了神的化身——法老而努力的國家計畫。在某種意義上，正是古代的垃圾為我們直接描述了古埃及生活的這一面。

在陶器之丘發現的封泥。

「西鎮」的府邸遺址。陶器之丘就在這座宅邸的旁邊。

孟卡拉金字塔的北面。後
人為了挪用石材而破壞出
的縱溝，出乎意料地成了
考古學上重要的線索。

金字塔的階梯狀
核心構造

Stepped core structure of Pyramid

吉薩的三大金字塔保存狀態相當良好，
但也因為這樣，
一直以來我們都不太了解其內部構造。
在近年的3D調查技術下，
考古學家們逐漸了解的構造是——？

孟卡拉金字塔的大部分，都與其他吉薩的
金字塔相同，是由當地的採石場出產的
石灰岩製成。雖然表面的裝飾板幾乎都已剝
離，仍可看到來自尼羅河對岸圖拉的優質白色
石灰岩。但在下方的16層，也就是金字塔高
度的1/4處為止，外層卻覆蓋著堅硬的紅色花
崗岩。很明顯地，這是比鋪設石灰岩裝飾板還
要耗費勞力的工作，實際上或許是工程進度趕
不上法老的葬禮，讓金字塔的表面無法呈現完
全統一的設計，而以未完工的狀態告終。

金字塔的北面有個縱向的深溝，是因為西
元1196年的伊斯蘭時代，埃及英雄薩拉丁的
兒子為了取得建設用的石材而開拆金字塔，雖
然這在歷史面上屬於破壞行為，但就考古學而
言，這裡卻也是少數可以展現金字塔「砌體結
構」剖面的稀有範例。

所謂的砌體結構，就是堆積石材建造建築
物的構造，古王國時代的金字塔，並不只是一
層層水平堆積石材而成，而是採取多層的構

在最新3D調查下逐漸清晰的內部構造

孟卡拉金字塔的3D掃瞄圖。下方為花崗岩，上方為石灰岩，紅色至綠色的變化是象徵朝向塔頂的傾斜狀況（紅色表示靠近觀看者，綠色越濃，表示越向畫面後方傾斜）。

（以LANG公司開發的「PEAKIT」影像處理技術製成）

造，或是有著階梯狀的核心。不過因為吉薩的三大金字塔的保存狀態極為良好，學者們一直無法得知其內部構造究竟為何。

近年在我們團隊以3D技術調查孟卡拉金字塔北面縱溝之下，發現內部有著斜度約74°的核心構造。斯尼夫魯法老在美杜姆蓋的金字塔，其外露的核心也呈現同樣的階梯狀。

孟卡拉金字塔的表面斜度為51°20' 25"，這與美杜姆的金字塔、古夫大金字塔大致相同。但是，孟菲斯地區現存的80多座金字塔，斜度從42°至57°不等，可見古埃及人在建金字塔時並不會考慮角度。實際上，當時沒有角度的概念，表示斜面時，會使用同時標示水平距離與垂直距離的「坡度」。換句話說，51.5°並非建築師的目標，而只是因為內部砌體結構的水平距離和垂直距離，最後造成的結果。這很有可能表示，大金字塔的內部構造，也與孟卡拉金字塔和美杜姆金字塔相同，都有著斜度約74°的核心構造。

孟卡拉金字塔與美杜姆金字塔重疊的比較圖，可清楚看出兩者斜度與形狀的差異。

（由Yasumasa Ichikawa/World Scan Project製作）

覆蓋在外牆上的裝飾板，由花崗岩製成。

牆上裝飾著王宮正面雕刻的房間。

沉眠於海底的法老之棺

Submerged royal coffin at the
bottom of the sea

孟卡拉金字塔的內部,
運用了許多別處金字塔看不到的特殊構造,
本章將詳細說明。

左上／19世紀時的墓室內部樣貌。當時孟卡拉法老的石棺仍留在裡頭，但其後被貝雅朵莉絲號（船）運往英國時，遭遇沉船事故，就此消失在海底。
右上／墓室內部現在的樣子。
左下／副室。這裡是用來收納陪葬品的房間。
右下／上方的通道，路中央塞著巨大的石材。

孟卡拉金字塔的內部，就有別於古夫金字塔和卡夫拉金字塔了。雖然同樣有著朝向北方、象徵與拱極星合而為一的入口，以及安置法老木乃伊的「墓室」，但孟卡拉金字塔卻導入了許多前所未見的建築要素。

從被花崗岩覆蓋的入口，走過約31公尺的「下行通道」，就會來到「牆上雕刻著王宮外觀的房間」。這是自尼特傑里赫特的階梯金字塔以來，第一座在金字塔內部有施加裝飾的房間。「王宮外觀」如同字面上的含義，是模擬王宮正面的設計，從早王朝時期開始，在許多地方都能看到這樣的裝飾，也象徵金字塔就是法老死後永遠的居所。

從這邊通過「水平通道」，就能抵達朝東西方向延伸的「前室」。若考慮先王們的墓室位置，或許這裡本來是要當成墓室使用。

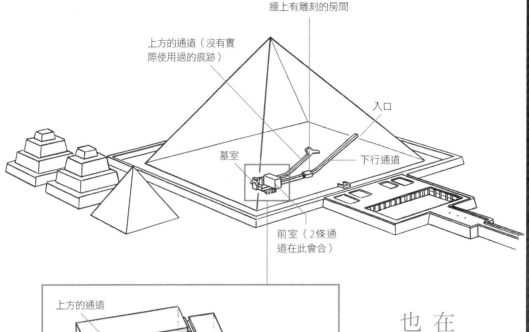

牆上有雕刻的房間

上方的通道（沒有實
際使用過的痕跡）

入口

墓室

下行通道

前室（2條通
道在此會合）

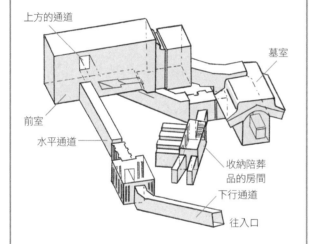

上方的通道

墓室

前室

水平通道

收納陪葬
品的房間

下行通道

往入口

在這座金字塔中
也發現了2條通道

在金字塔內部發現了年代晚於孟卡拉法老時代
的遺物，由此可推測金字塔曾經被再度利用，
但用途目前仍不明。
（部分改繪自Lehner, M 1997, p.134-135）

　　有趣的是，這座金字塔也與古夫金字塔相
同，有2條從北方向下延伸的通道，2條通道
在這座前室會合（或者也可說是從前室朝著北
方延伸出2條通道）。還有另外一條通道，位
於水平通道入口的正上方，從其高度來看，很
難想像是設計給人使用，也沒有通到金字塔外
側。更不可思議的是，通道途中還被石材堵
住。研究者認為，推測在金字塔建設的早期計

畫中，本來是要建造更小型的金字塔，這條通
道就是小型金字塔的一部分。

　　前室另外延伸出2條朝北的下行通道，各
自通往墓室。上方的通道通往墓室的屋頂，下
方通道則通往墓室內部。在後者的途中，設有
6間內有小坑的房間，可能是用於向法老的
「Ka（生命力）」獻上供品。

　　墓室和古夫金字塔相同，都用花崗岩打造

前室。與卡夫拉金字塔相同，這裡也連接著2條通道。

而成，但與過往的東西坐向不同，方位朝向南北。19世紀發現了孟卡拉法老的石棺，但在貝雅朵莉絲號（船）將其運往英國時，船隻沉沒，就此消失在海中。根據現存的紀錄，石棺上也雕著王宮的外觀圖，緊靠著墓室的西牆，朝向南北擺放。這是因為當時的木乃伊不是呈仰臥的姿勢，而是做成側躺的，讓死者能看到從東方升起的太陽。石棺裡還放著刻有孟卡拉

法老名諱的木棺，這座木棺目前仍在大英博物館展示。不過考古分析結果認為，這座木棺的樣式屬於塞易斯王朝（約為西元前664～525年）的產物，而且雖然在墓室的天花板裡也發現了人骨和繃帶，但放射性同位素測定結果顯示，兩者皆為基督教時代的遺物。或許在往後的這些時代中，人們會以某種形式再度利用金字塔。

變成住家的
金字塔神殿
Temple became settlement

至今仍呈現未完工狀態的孟卡拉金字塔複合體。
因為種種原因，
仍有許多尚未調查的地方，
但關於它的一部分，
我們已經了解了至今為止的歷史。

孟卡拉金字塔附近過去曾有
港口，但這裡現在成了公
墓，無法進行挖掘作業。

孟卡拉金字塔的複合體尚未完工，恐怕是因為法老的駕崩出乎意料。不僅河畔沒有發現港口，在河岸神殿東側的位置，也因為後來成了現代伊斯蘭教徒的公墓，而無法調查。不過，在美國考古學家喬治萊斯納，以精密的發掘技術調查河岸神殿的大部分之後，終於了解了其獨特的歷史變遷。

河岸神殿是葬禮隊伍停留的場所，法老的遺體可能就是在這裡被清潔後，安置一段時間。孟卡拉的河岸神殿與卡夫拉的不同，入口只有一個，並且設有露天的寬廣中庭。法老的

木乃伊可能被安放在最深處的至聖所裡，在至聖所旁邊的通道裡，發現了古王國時代雕像的最高傑作。這座雕像以堅硬的黑沙岩打磨而成，題材是孟卡拉法老和愛與美的女神哈托爾（或是州神），法老的身材精實，在纖細的線條中能感受到潛在的強大力量；女神則肩膀纖瘦而苗條，表現了古埃及人理想中的女性形象。雖然這是座優秀的雕像，但在好幾座雕像的腳底，卻沒看到本該刻在上頭的古埃及文字，一部分還有試圖將其磨掉的痕跡。這或許也表示了孟卡拉的死有多麼突然。

孟卡拉法老與2位女神（哈托爾、巴特）的胸像。

剛出土時的「神聖貧民窟」。尚未完工的神殿被當成住家，並在實用化考量下，加上許多牆壁隔間。

雖然繼任的法老謝普塞斯卡弗，用灰泥和日曬磚補完了這座未完成的神殿，卻在第五王朝的尾聲至第六王朝的初期，遭逢沖進沙漠的暴雨洪流，至聖所和供品室都被破壞，於是神殿就被棄置了。有趣的是，在第六王朝末期的麥倫拉一世（或是佩皮二世）的時代，神殿竟然被當成住家重新利用，改建得錯綜複雜，住滿了人。也因此，這裡也有著「神聖貧民窟」的別名。

神殿的參道也沒能完工。這條參道如果竣工，將會是條608公尺的直線通道，但實際上，卻沒能連通河岸神殿和葬祭神殿，也與古夫金字塔或卡夫拉金字塔的參道不同，沒有發現裝飾牆的痕跡。當年法老的葬禮隊伍，或許就曾踏過這條沒有屋頂、未完成的參道吧。

葬祭神殿使用了一塊超過200噸、堪稱吉薩所有金字塔相關建築物中最重的石灰岩當成核心，上頭本來應該鋪滿亞斯文產的花崗岩，但這份壯觀的建築工程計畫卻就此中斷。最後還是在謝普塞斯卡弗法老手中，補上了日曬磚和灰泥才完工。

Teotihuaca

特奧蒂瓦坎篇

7世紀的中部美洲，曾經存在巨大的都市。美洲大陸最大規模的都市「特奧蒂瓦坎」，其中心處有著太陽金字塔、月亮金字塔、羽蛇神廟等3座巨大的石造建築。

著／佐藤悅夫

1 都市的建設

City construction

計畫性建造的都市
特奧蒂瓦坎

Planned city 'Teotihuacan'

西元前2世紀，
距今相當遙遠的這個遠古時代，
美洲大陸上就已建起極盡榮華的都市，
其中心點就是月亮金字塔。

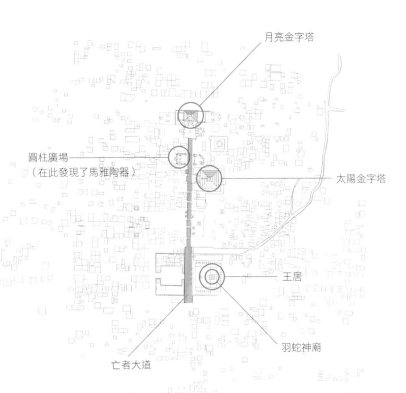

月亮金字塔

圓柱廣場
（在此發現了馬雅陶器）

太陽金字塔

王居

羽蛇神廟

亡者大道

特奧蒂瓦坎遺跡的都市整體圖
（部分改繪自Million，1973）

擁有獨特樣式的都市建築物群

從「月亮金字塔」看出去的全景圖，畫面中可以看到「月之廣場」及南向的「亡者大道」。太陽金字塔位於亡者大道的東側。

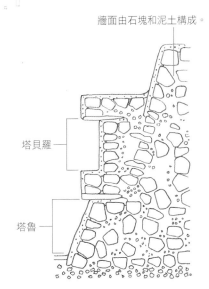

牆面由石塊和泥土構成。

塔貝羅

塔魯

以塔魯‧塔貝羅（Talud-tablero）樣式建設的神殿牆面剖面圖，特色是結合垂直壁面（塔貝羅，Tablero）與斜壁面（塔魯，Talud）的樣式。
（部分改繪自Schele, Linda and David Fredel，1990）

都市的中心區域

亡者大道從月亮金字塔前方出發，朝向南方延伸出去。
大道的東側有太陽金字塔和王居，王居的中央則有羽蛇神廟。

月亮金字塔

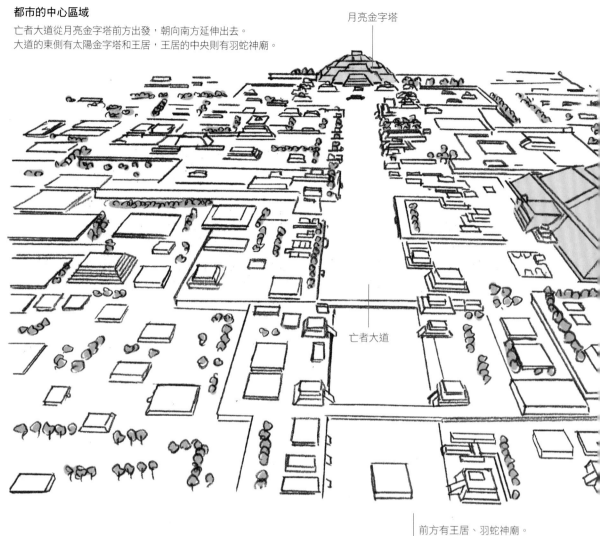

亡者大道

前方有王居、羽蛇神廟。

在「亡者大道」上櫛次鱗比
塔魯‧塔貝羅樣式的神殿

特 奧蒂瓦坎遺跡坐落在海拔約2,300公尺
的墨西哥盆地裡，興盛於西元前2世紀
至西元7世紀間，是美洲大陸最大規模的都市
國家。考古學家認為，從西元1年起，特奧蒂
瓦坎人總共花了150年，在精密的都市計畫下
執行了一系列建築活動。（註：最近的研究認
為建築過程可能花了150年～200年。）

都市設計的軸心，是以「月亮金字塔」

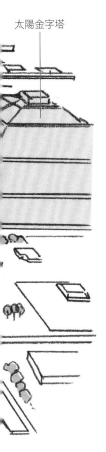

太陽金字塔

上／羽蛇神廟東側的塔魯・塔貝羅上畫有大鳥，鳥的尺寸有74公分。
左／在「亡者大道」沿途可看見水紋與美洲獅圖案的壁畫。

（152公尺×156公尺，高45公尺）為起點，朝向南方貫穿都市中心部，長約4公里，寬45公尺的大馬路「亡者大道」。這座都市的南北軸，並沒有朝向正北方，這是為了讓月亮金字塔頂端的神殿，可以與聳立在金字塔背後的聖山「塞羅戈多」（Cerro Gordo，意為肥胖的山）山頂重疊，而刻意為之的配置。這表示古代人本就計畫讓月亮金字塔融合進盆地地形，同時也顯現其位置從都市形成初期就極為重要。都市中最大的建築物是「太陽金字塔」，在南北與東西兩軸的交叉點，則建了「羽蛇神廟」。

發現馬雅人的居住地？「圓柱廣場」

特奧蒂瓦坎人沿著亡者大道，建造了20座以上的神殿。這些建築物最大的特徵，就是稱為「塔魯・塔貝羅（Talud-tablero）」、結合垂直與斜向壁面的建築樣式，在塔貝羅（垂直牆面）上，還有動物等圖案的壁畫。

最新的調查結果顯示，在太陽金字塔對面的「圓柱廣場」區域，發現了馬雅樣式的陶器和壁畫殘片。推測這個地區很有可能曾住著馬雅人的上流階級。當時的特奧蒂瓦坎是座國際都市，來自中部美洲各地的人們在此聚集。

2

月亮金字塔

Moon pyramid

增改建多達6次才終於完工

6 renovations

「月亮金字塔」被認為是特奧蒂瓦坎都市建設的中心，但仍有許多不明之處。
不過，隨著調查，我們發現它曾經歷過數度增改建。

關於月亮金字塔的考古工作，先前僅止於1960年代，墨西哥國立人類學歷史學研究所對月之廣場整體，以及月亮金字塔正面、部分側面、附屬前庭的全面發掘與修復作業。其調查報告認為，月亮金字塔可能建於「特拉米米洛爾巴（Tlamimilolpa，西元200～300年）」前期。不過這份調查中，並沒有關於建築物內部的調查紀錄，如今的月亮金字塔，究竟是一次就建成的，或者是在數次增改建下，造就了現在的樣貌，仍無從得知。

為了解決這個疑問，並徹底探明特奧蒂瓦坎都市的起源，日本愛知縣立大學的杉山三郎教授，與墨西哥國立人類學歷史學研究所的魯班卡布雷拉（Ruben Cabrera）合作擔任發掘團長，從1998年開始「月亮金字塔考古學計畫」。

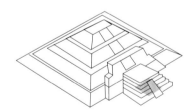

建築物1：邊長約24公尺的建築物，建築時期約為西元1～100年。

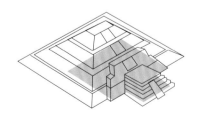

建築物5：金字塔本體前方新增了稱為「前庭」的附屬建築物，出現新的建築樣式。本體部分邊長約90公尺，建築時期約為西元200～350年。

人稱「諸神之城」的特奧蒂瓦坎都市遺跡。圖中右側即為月亮金字塔。

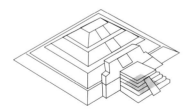

建築物2：有如包覆建築物1般，增建為邊長約30公尺的規模。建築時期約為西元100～150年。

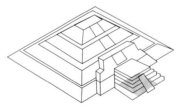

建築物3：有如包覆建築物2般，增建為邊長約31公尺的規模。建築時期約為西元150～200年。

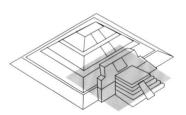

建築物4：大規模擴建，成為邊長約90公尺的規模，建築時期約為西元150～200年。

※關於月亮金字塔與太陽金字塔的由來：記錄阿茲特克神話的西班牙年代學者貝爾納迪諾‧德薩阿貢，在其所著的《佛羅倫斯手抄本》中寫道：「在特奧蒂瓦坎，2位神祇縱身跳入火焰，化為太陽與月亮」。由此可見，這2座金字塔的歷史，可上溯至阿茲特克時代。在月亮金字塔和太陽金字塔，也分別出土了象徵「水之神」與「火」的石雕。

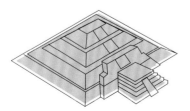

建築物6：有如包覆建築物5般，增建為邊長約143公尺的規模。建築時期約為西元200～350年。

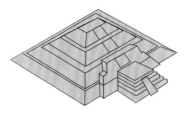

建築物7：現在的月亮金字塔（邊長152～156公尺、高45公尺）。

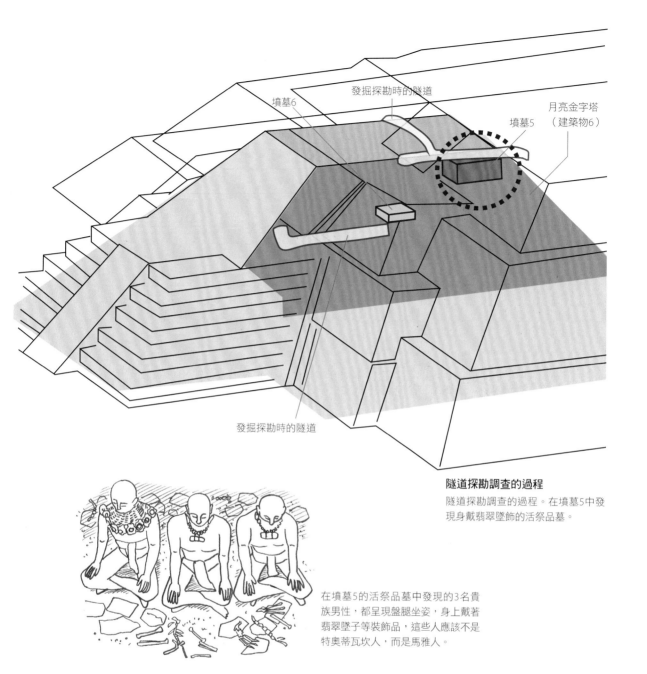

發掘探勘時的隧道

墳墓6

月亮金字塔
（建築物6）

墳墓5

發掘探勘時的隧道

隧道探勘調查的過程
隧道探勘調查的過程。在墳墓5中發現身戴翡翠墜飾的活祭品墓。

在墳墓5的活祭品墓中發現的3名貴族男性，都呈現盤腿坐姿，身上戴著翡翠墜子等裝飾品，這些人應該不是特奧蒂瓦坎人，而是馬雅人。

從月亮金字塔和周邊建築物究竟挖出了什麼？

在調查月亮金字塔時，考古團隊在金字塔本體挖了隧道探勘，並挖掘月之廣場區域，也正是因為在月亮金字塔的本體挖隧道，才發現這座建築物曾經被增改建6次。

在金字塔內部，還發現了伴隨著每次增改建工程時出現的數座活人殉葬墓。在上頁插圖「建築物4」階段增設的「墳墓2」中，發現了一具雙手被綑綁在身後的人骨、許多陪葬品，以及用來當成活祭品的動物。陪葬品包括陶器、翡翠製品、耳飾、彩珠、人物雕像、黑曜石製品（箭頭、儀式刀、石刃、人形雕像）、貝殼製品、黃鐵礦打磨成的鏡子等。被用來當祭品的動物則有美洲豹、美洲獅、狼、

向月亮金字塔內部挖掘的隧道寬約1公尺，
高約2公尺。

上／特奧蒂瓦坎的活人祭品們身上戴的翡翠項鍊。
下／考古學家從挖出來的土堆中收集陶器、石器、骨頭等遺物。

祭品們的身上，
戴著象徵馬雅王的翡翠飾品

蛇、老鷹、貓頭鷹等，這些動物在特奧蒂瓦坎
的圖騰中，象徵著王權與戰士。此外，在月亮
金字塔頂部下方的「墳墓6」，發現了陪葬品
與祭品動物，同時還有12具被用來活祭的人
骨，其中10具沒有頭部。

　　伴隨「建築物6」階段出現的「墳墓4」
中，發現17個頭蓋骨，關於這些頭蓋骨的配
置，並沒有發現明確的宗教模式。從頭蓋骨推

測死者的性別，17個中有15個為男性，剩下2
個不明；死者的年齡則從14～50歲都有，年
齡層相當廣泛。同位素分析指出，這些頭蓋骨
的主人，很有可能是出身於特奧蒂瓦坎以外的
各個地區。在「建築物6」上方地面的「墳墓
5」，則發現被用來獻祭的3名貴族男性，其
中1名身戴馬雅貴族的翡翠墜飾，顯示了特奧
蒂瓦坎與馬雅文明的關係，是一大重要發現。

Teotihuacan >3

特奧蒂瓦坎 最大的建築物

Biggest building of Teotihuacan

「太陽金字塔」是特奧蒂瓦坎城市中心
最大的建築物。
其地上構造由4層構成,
考古學家發現,地底下甚至還有隧道。

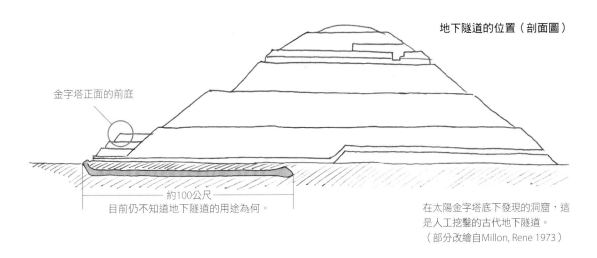

地下隧道的位置（剖面圖）

金字塔正面的前庭

約100公尺
目前仍不知道地下隧道的用途為何。

在太陽金字塔底下發現的洞窟，這是人工挖鑿的古代地下隧道。
（部分改繪自Millon, Rene 1973）

途中發現了2個房間，但用途不明。

地下隧道的終點是4間房間。

地下隧道俯瞰圖

目前也仍不清楚這些房間的用途。雖然好像曾經擺過陪葬品，但因為遭逢盜墓，沒有留下任何遺物。

地下隧道

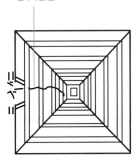

地下隧道的位置（俯瞰圖）
1970年代在太陽金字塔階梯中央處，發現長約100公尺、向內側延伸的地下隧道。

雖然太陽金字塔的實際建築年代隨著最新調查結果而變動，目前仍未有個定論，但可以確定的是，這座金字塔也曾經被增改建過。

在沿著亡者大道建設的諸多神殿群中，「太陽金字塔」是座邊長223公尺、高63公尺的巨大地標。這座建築物的建築年代，一般認為是西元1～150年間，且在西元150～250年之間，又進行了增改建工程，但現在學界已經開始重新評估其實際年代。20世紀初期，墨西哥考古學家巴多雷斯調查太陽金字塔時，曾將其復原成5層的金字塔，但他復原的第4層其實並不存在，太陽金字塔實際上是座4層的金字塔。

在太陽金字塔的地底下也發現了隧道，這些隧道是人工鑿成，人們使用它的時期與太陽金字塔相同。

羽蛇神廟
（魁札爾科亞特爾的神殿）

Feathered Snake Temple
'Temple of Quetzalcoatl'

巨大王權的出現

The emergence of
a huge kingship

滿是謎團的這座神殿，
其歷史脈絡在1980年代起逐漸清晰。
這座神殿的外觀隨著時代不斷改變，
我們甚至發現，它曾經被塗成彩色的。

羽蛇神廟的外牆裝飾著滿滿的浮雕。

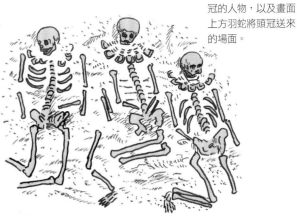

壁畫中描繪著頭戴飾冠的人物，以及畫面上方羽蛇將頭冠送來的場面。

在羽蛇神廟內部，發現許多雙手被反綁，當成活祭品的遺體。

羽蛇神廟的塔貝羅部分有滿滿的浮雕裝飾，刻著貝殼、頭飾、羽蛇等圖案。

在1980年以前，包含「羽蛇神廟（Feathered Serpent Pyramid，FSP）」在內的「城塞（Ciudadela）」地區，幾乎沒有任何考古發掘調查。直到1980～1982年間，墨西哥國立人類學歷史學研究所（INAH）開始調查，並在1987年成立了新的國際計畫（Project Temple de Quetzalcoatl 1988－1989: PTQ88-89），這才開始集中挖掘羽蛇神廟。結果發現，在神廟的建築物周圍和內部，出土了25座墳墓，裡頭有137具遺體，以及大量的陪葬品。

從陪葬品可以看出死者之間社會地位的差異，例如十幾歲就夭折的死者陪葬品較少，與之對照的，則是有綠色石製品陪葬的高社會地位族群，以及與黑曜石尖頭石器共同下葬的男性戰士族群。從陪葬品、下葬的樣式、金字塔的雕刻來看，這座神殿的建築目的，應該是帶有軍事色彩的王權象徵。

學者杉山認為，羽蛇神廟總共歷經3個建築時期。第Ⅰ期稱為「Pre-FSP」，雖然這個時期無法獲得詳細的建築資訊，但在羽蛇神廟完成前，這裡可能曾被當作儀式用的建築物。第Ⅱ期是羽蛇神廟已經完工的時期，根據碳同位素定年法，推測為西元210年左右。第Ⅲ期是在羽蛇神廟前方加上階梯前庭的時期，這象徵了大幅的宗教變化，可能象徵權力從絕對的王移轉到集團性的指導體制。碳同位素定年法顯示，前庭的建設時期，約為西元350年。

羽蛇神廟有別於太陽金字塔與月亮金字塔，4個角落裝飾著石雕，當時被塗上綠、紅、藍、黃、白等色彩。壁畫的圖案除了羽蛇，還能看到「有圓眼睛、像是鱷魚的動物」，以及貝類等。考古學家認為壁畫裡的情境，是羽蛇將象徵王權的頭冠從地下世界送來人間，建造羽蛇神廟的當政者，或許就是想藉此宣示王權的正當性。

集合住宅與人們的生活

Apartment houses and people's lives

當時社會的樣貌

Looking back on "Urban Life"

考古學家推測，
當時居住在金字塔周邊都市的人口數
多達10萬人，
他們的生活又是什麼樣子的呢？

在特奧蒂瓦坎都市中心的周圍，20平方公里內就有超過2,000座集合住宅，全盛期的人口推測有10萬人規模。在集合住宅內部，配置著數十間房間，每戶共用中庭、迴廊、小神殿，居住在這些集合住宅的人民中，有專門生產黑曜石器、陶器、紡織品的集團。在「瓦哈卡區（Oaxaca）」，也有一塊區域，居住著從墨西哥南部的瓦哈卡地區遷移至此的人們。特奧蒂瓦坎與現代都市相同，是一座混居著各式各樣的民族和職業團體的大都會。

集合住宅的牆上畫著許多壁畫，特別在貴族的住家「特班蒂特拉（Tepantitla）」住宅區，有幅名為「特拉洛克神（Tlaloc，阿茲特克神話中的雨神）的天國」的壁畫。畫中描繪了球戲（註）、捕蝶，以及祭司在地面播種的場景。在「阿特特克（Atetelco）」住宅區的中庭，還有座塔魯·塔貝羅樣式的小型金字塔，上方設有小神殿般的祭壇。

左／特班蒂特拉的壁畫「特拉洛克神的天國」。上頭描繪許多宗教儀式與球戲的過程。
下／阿特特克的中庭有座塔魯·塔貝羅樣式的基壇，上方設有小神殿樣式的祭壇。

在阿特特克（Atetelco）集合住宅的牆上，發現了蛇、郊狼、美洲豹等特奧蒂瓦坎聖獸的壁畫，而「特蒂特拉（Tetitla）」住宅區的壁畫裡，則畫著口吐紅色液體的老鷹、「翡翠之神」（或被稱為「綠特拉洛克」）的圖像。神像頭戴著鳥圖案的飾冠，臉戴綠色翡翠面具，雙手流出水般的液體，水中還畫了動物的頭、人類的手。

卡布雷拉在1990年代調查的「拉梵提亞（La Ventilla）」住宅區中，不只發現了壁畫，還在地面發現42個疑似文字的記號，但其意義仍未能解讀成功。

在擁有許多壁畫的特奧蒂瓦坎，或許當時的人們在傳遞自己的歷史、世界觀、宗教等訊息時，就是利用壁畫而非文字當作媒介吧。

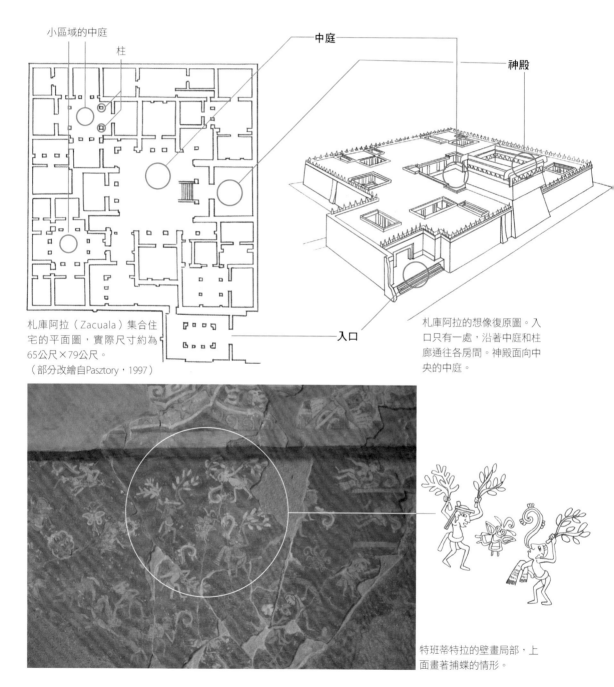

小區域的中庭

柱

中庭

神殿

札庫阿拉（Zacuala）集合住宅的平面圖，實際尺寸約為65公尺×79公尺。
（部分改繪自Pasztory，1997）

入口

札庫阿拉的想像復原圖。入口只有一處，沿著中庭和柱廊通往各房間。神殿面向中央的中庭。

特班蒂特拉的壁畫局部，上面畫著捕蝶的情形。

這些都是在拉梵提亞的地板上發現的特奧蒂瓦坎文字。考古學家認為這些文字是用來當成記號使用，可能類似現代的家紋，但其詳細意義為何仍然未知。
（部分改繪自Cabrera，1996）

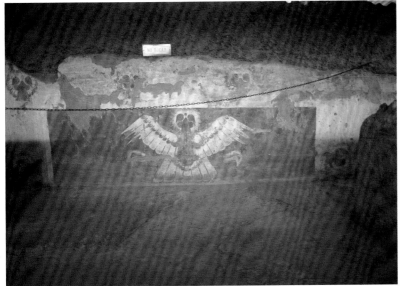

以及宗教觀
描繪了當時的生活
住宅區牆面的圖像

上／在特蒂特拉發現的老鷹壁畫，老鷹口中噴出紅色的液體，象徵著活祭品。
下／在特蒂特拉發現的「翡翠之神」圖像，畫中的神明身著優雅服裝，從祂張開的雙手中，降下各式各樣的東西。

6

都市的發展與崩壞
Urban development and collapse

Teotihuacan >6

從陶器的出土分析
推測特奧蒂瓦坎的生活
Living inferred from the excavation of earthenware

陶器等生活器具的出土，
告訴了我們各個住宅區的生活樣貌。
我們不妨試著從陶器的出土地點，
推測當年都市的生活情景。

阿特特克住宅區是讓現今的我們得以
想像當時人類生活的貴重遺跡之一。

〈帕特拉奇克時期：西元前150～西元前1年〉

考古學家高吉爾等人，藉由分析地表收集到的陶器，解析特奧蒂瓦坎盆地的人類活動。帕特拉奇克時期（Patlachique），住宅區集中在盆地的西北方，但在月亮金字塔所在的城市中心，地表自然形成的沉積層「56層」中，也發現了帕特拉奇克時期的陶器，雖然無法確認當時在此是否有進行建築活動，卻可由此窺見人們曾在此生活。

〈札庫瓦利時期：西元1～150年〉

進入札庫瓦利時期（Tzaucualli）後，住宅區也跟著擴大，這時期的陶器，也集中在太陽金字塔附近與城塞地區。一般認為，都市建設始於這個時期，太陽金字塔也是在此時建成。

不過月亮金字塔的調查結果，也不支持以上的假說，首先，月亮金字塔結構中，屬於札庫瓦利時期的就只有「建築物1」。比起特奧蒂瓦坎一般建築物的東西軸，建築物1的東軸向北偏移了3°。根據考古學家加索拉的報告，城塞前身（Pre-Ciudadela）的建築物與月亮金字塔的建築物1相同，也偏離特奧蒂瓦坎城市

整體的基本軸線。因此，這2座建築物，很有可能是在現今我們看到的都市建設前就已經完成，札庫瓦利時期的特奧蒂瓦坎中心，北側是小型的月亮金字塔建築物1，南側則是前城塞的建築物。

至於太陽金字塔的建設年代，很有可能比起過去的學說認定的要晚。如果這份假說正確，那麼在札庫瓦利時期，應該還沒有出現能指揮建造大型建築物的權力者，仍處於逐漸增加人口的發展期。

〈米卡歐多利時期：西元150～200年〉

高吉爾指出，米卡歐多利時期（Miccaotli）的陶器分布面積，與札庫瓦利時期相同，遍布整座特奧蒂瓦坎盆地，約20平方公里。過去學界認為，這時期城市中心的建築活動以城塞和羽蛇神廟為主，但月亮金字塔的最新調查數據，卻讓學者們重新考慮這份學說。

首先，在月亮金字塔進行了包覆建築物1的小規模增改建工程（建築物2、建築物3），這些增建物的方向，逐漸貼近特奧蒂瓦坎的基準方向。其他對應建築物2、建築物3的建築，還包括太陽金字塔的建築物1、羽蛇神廟的Pre-FSP。

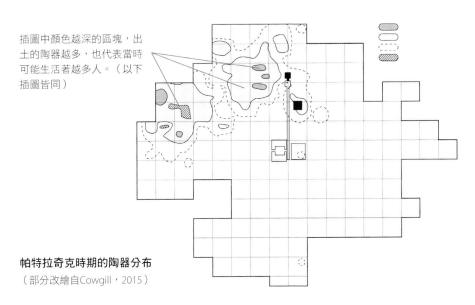

插圖中顏色越深的區塊，出土的陶器越多，也代表當時可能生活著越多人。（以下插圖皆同）

帕特拉奇克時期的陶器分布

（部分改繪自Cowgill，2015）

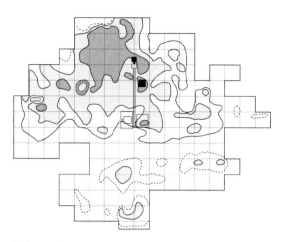

札庫瓦利時期的陶器分布
（部分改繪自Cowgill，2015）

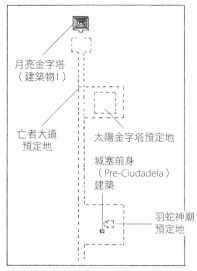

這時都市尚未形成，只有兩大建築物。

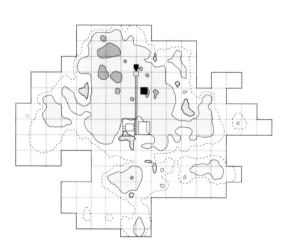

米卡歐多利、特拉米米洛爾巴時期的陶器分布
（部分改繪自Cowgill，2015）

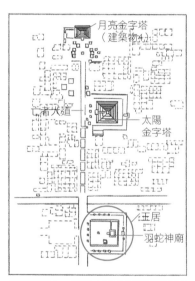

都市的中心，在米卡歐多利時期建起了月亮金字塔的建築物4、太陽金字塔、羽蛇神廟、亡者大道，在其後的特拉米米洛爾巴時期，則完成了月亮金字塔的建築物5、建築物6、建築物7，並於周邊蓋起集合住宅。

其次，月亮金字塔進行了大規模的增改建，並完成建築物4。同時期的還有太陽金字塔、羽蛇神廟的本體。亡者大道也可能是在這個時期竣工，特奧蒂瓦坎的市中心就此完成。這些建築物的規模，以及眾多的活祭品墓，都顯示了這個時期存在握有強權的人物。

〈特拉米米洛爾巴時期：西元200～350年〉

到了特拉米米洛爾巴時期，月亮金字塔繼續加蓋了建築物5、建築物6與建築物7。從建築物5開始，導入了嶄新的建築樣式，增建了塔魯‧塔貝羅式的階梯前庭，其後的月亮金字

塔，也都遵循這套樣式，構築起建築物6與建築物7。從建築物6中的墳墓5裡頭，發現了馬雅貴族身戴的翡翠墜飾，表示當時很有可能把與馬雅文化有關的高貴人物當成活祭品。

這時期的太陽金字塔、羽蛇神廟也蓋起了階梯前庭，但在月亮金字塔的建築物7完工後，特奧蒂瓦坎中心的這三大地標就不再有建築活動，而是在亡者大道周圍密集興建集合住宅。

〈肖拉潘時期：西元350～550年〉

肖拉潘時期（Xolalpan）是最能看見特奧蒂瓦坎對中美洲各地發揮影響的時期。當時，身為宗教與商業中心的特奧蒂瓦坎，成長為中美洲最大的都市。這裡不只住著各地的商人，還有從外國搬來的移民。當時的人口規模約有10萬人。

〈梅特佩克時期：西元550～650年〉

梅特佩克時期（Metepec）是特奧蒂瓦坎邁向崩壞的時期，都市中心的神殿和宮殿遭到破壞。我們仍不清楚特奧蒂瓦坎究竟是怎麼崩壞的，目前的假說可以分為特奧蒂瓦坎內部的叛亂說，以及遭到外部侵襲的侵略說。

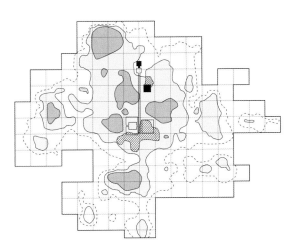

肖拉潘時期的陶器分布
（部分改繪自Cowgill，2015）

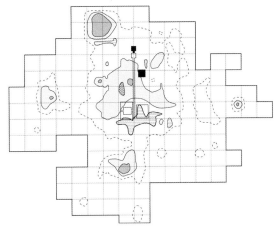

梅特佩克時期的陶器分布
（部分改繪自Cowgill，2015）

金字塔的建設
與都市發展的變遷——

與特奧蒂瓦坎有過交流的遺跡1

Cities that interacted with Teotihuacan 1

阿爾班山遺跡（墨西哥）

Monte Alban

墨西哥南部的阿爾班山，
保留著16世紀以前的人類生活痕跡，
也在此挖掘出了特奧蒂瓦坎的陶器。
不過這些交流似乎與庶民無緣，
只限於上流階級的人們。

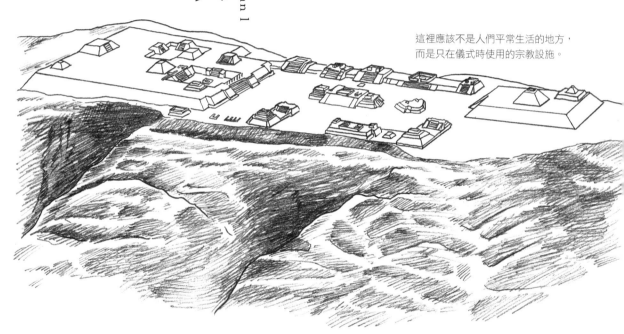

這裡應該不是人們平常生活的地方，
而是只在儀式時使用的宗教設施。

戴著特奧蒂瓦坎樣式頭飾的人們手捧香爐。

香爐。

頭戴薩波特克樣
式頭飾的人物。

在阿爾班山出土的特奧蒂瓦坎樣
式陶器（三足圓筒陶器）。

上／古人推平山丘頂部，在東西約250公尺的範圍內建造20
座以上建築物。
下／在南方的平台上發現的石碑Lisa（Estela Lisa）上，刻著
當地人與特奧蒂瓦坎的交流場面。
（部分改繪自Marcus and Flannery，1996）

阿爾班山中央平台的建築物J，牆上鑲嵌著石板，上頭刻有被抓來當活祭品的俘虜出身地名，以及其人像。

位於墨西哥南部瓦哈卡盆地裡的阿爾班山（Monte Alban），是一座西元前500年～西元16世紀為止，都有人在此居住的遺跡。阿爾班山遺跡是剷平了瓦哈卡盆地中心的山頂而形成，在全盛的阿爾班山III期（西元200～700年），中央廣場內外總共建了20座以上的金字塔。

考古學家推測，在阿爾班山的IIIa期（西元200～500年），瓦哈卡盆地裡總共住著115,000的人口，阿爾班山的都市裡則有16,500人，住在總計1,119座住宅裡。盆地的南側也出現了第二座都市哈里耶薩（Jalieza），這座城市位於距離盆地底部約250公尺高的丘上，設有20座以上的公共建築，推測當時人口約有12,835人。

特奧蒂瓦坎與阿爾班山的交流僅限於上流階級之間？

在阿爾班山的IIIa期，阿爾班山與特奧蒂瓦坎的交流相當頻繁，不過卻沒有發現任何證據，指出這兩國之間曾發生戰爭。

特奧蒂瓦坎的使者拜訪阿爾班山境內的證據，被刻在許多石雕上，在阿爾班山南方的平台上發現的石碑（Estela Lisa），上頭刻著頭戴特奧蒂瓦坎樣式頭飾的人物，當地的上流階級人士，則頭頂薩波特克（Zapoteca）樣式的頭飾，迎接特奧蒂瓦坎使者。觀察石碑中的特奧蒂瓦坎人，服裝並不像是戰士的衣服，所以可推測這是一個外交場面。

除了石碑，在阿爾班山也挖出特奧蒂瓦坎樣式的陶器，顯示他們曾與特奧蒂瓦坎有過交流。不過這些陶器的數量稀少，也只出現在上流階級的墳墓或住宅中，所以這些陶器可能並非普及到一般庶民，而是上流階級之間互相餽贈的交流品。此外，在阿爾班山的中央廣場，也發現了最具特奧蒂瓦坎特徵的塔魯·塔貝羅式建築。

特奧蒂瓦坎的都市裡，也有瓦哈卡（薩波特克人）的居住區，這是一座20公尺×50公尺的集合式住宅區，裡頭有2座墳墓，在墓中挖出了薩波特克式的陶器。不過在阿爾班山，卻沒有發現像是特奧蒂瓦坎人居住地的遺跡。

提卡爾遺跡（瓜地馬拉）

Tikal

曾經住著多達6萬人的
瓜地馬拉古代遺跡・提卡爾。
但卻遭到特奧蒂瓦坎的使者入侵，
王位也被奪取了。

神殿1（高度47公尺），建於第26代王哈薩烏・
錢・卡維爾一世（Jasaw Chan K'awiil I，在位期
間為西元682年～734年）時期。

提卡爾遺跡，位於距離瓜地馬拉首都瓜地馬拉市約600公里的東北方，坐落在佩騰（Petén）地區的熱帶雨林窪地中。在西元前900年～西元9世紀間，人們居住在這座遺跡裡。

馬丁等考古學家最近的研究指出，提卡爾在西元1世紀左右便已成立了王朝。前古典期後期，在佩騰地區發生了埃爾米拉朵（El Mirador）等遺跡的崩毀事故，提卡爾幸運地未被波及，成為古典期馬雅文化的中心。其後，提卡爾在西元4世紀左右開始受到特奧蒂瓦坎的影響，並樹立在這個地區的領導地位，卻於6世紀時衰弱，並在與卡拉科爾（Caracol）的戰爭中敗北，進入長達130年的黑暗時代。到了7世紀末期，提卡爾再度復興，直到9世紀

為止，都在馬雅文化地區佔據重要的地位。

提卡爾的全盛期約在8世紀，這個時期，它發展成一座擁有6萬人口的巨大都市。

解讀碑文與378年的入侵

根據馬丁等學者解讀碑文的結果，西元378年1月31日，一位與特奧蒂瓦坎有關、名為「西亞赫・卡克（Siyaj K'ak'）」的人物，「抵達（也象徵征服）」提卡爾。這名人物，在抵達提卡爾的8天前，曾經路過提卡爾西方78公里的埃爾米拉朵遺跡。這表示這名人物，很有可能是從墨西哥高地的特奧蒂瓦坎直接過來的。

西元378年，西亞赫・卡克才「抵達」提卡爾，便殺害當時統治提卡爾的查克・托克・

左／31號石碑的正面，刻著身穿馬雅樣式服裝的提卡爾第16代王西亞赫・錢・卡維爾二世（Sihyaj Chan K'awiil II）形象。
右／31號石碑的側面，刻著身穿特奧蒂瓦坎樣式服裝的提卡爾第15代王亞甚・農・阿因一世。

伊查克一世（Chak Tok Ich'aak I，在位期間為西元362～378年），提卡爾的王位，其後也落入與特奧蒂瓦坎統治階級有關的集團手中。

在這場征服中，許多紀念建築物遭到破壞，磚瓦被拿去當成新建築物的地基。位於特奧蒂瓦坎北方20公里外的瓦夏屯（Uaxactún），也發現了特奧蒂瓦坎侵略的痕跡。

確立新秩序

西元379年，從屬於西亞赫‧卡克的新王，亞甚‧農‧阿因一世（在位期間為西元379～404年？）即位，他是「投標槍的貓頭鷹」的兒子。雖然難以斷定這些新支配者究竟是特奧蒂瓦坎人，或是在地的馬雅人，但無論是哪一邊，當時的佩騰地區都處於特奧蒂瓦坎的支配下，特奧蒂瓦坎人在此確立了「新秩序」。

史料紀錄中，還出現一位名為「投標槍的貓頭鷹」的人物（與西亞赫‧卡克不是同一人）。「投標槍的貓頭鷹」這個名字，直接顯示了與特奧蒂瓦坎之間的聯繫，因為表現名字的這段文字，就是用拿著投槍器的貓頭鷹圖樣來表現。

特奧蒂瓦坎帶來了新文化

代表特奧蒂瓦坎人曾造訪提卡爾的三足圓筒陶器圖樣展開圖

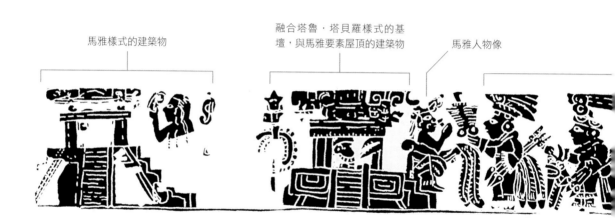

馬雅樣式的建築物

融合塔魯‧塔貝羅樣式的基壇，與馬雅要素屋頂的建築物

馬雅人物像

右手拿的頭飾上，鑲著刻有貓頭鷹圖案的圓牌。

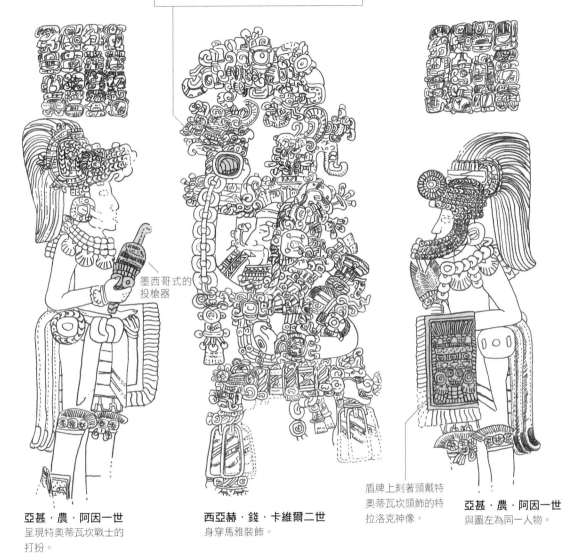

墨西哥式的投槍器

盾牌上刻著頭戴特奧蒂瓦坎頭飾的特拉洛克神像。

亞甚・農・阿因一世
呈現特奧蒂瓦坎戰士的打扮。

西亞赫・錢・卡維爾二世
身穿馬雅裝飾。

亞甚・農・阿因一世
與圖左為同一人物。

特奧蒂瓦坎戰士

頭戴特奧蒂瓦坎樣式頭飾的人物（拿著特奧蒂瓦坎的陶器）

塔魯・塔貝羅樣式的特奧蒂瓦坎建築

與特奧蒂瓦坎有過交流的遺跡 3

Cities that interacted with Teotihuacan 3

Teotihuacan >9

卡米那傅尤遺跡（瓜地馬拉）

Kaminaljuyu

卡米那傅尤遺跡距離特奧蒂瓦坎
相對較遠處，當年相當繁榮。
不過建築物、陶器的樣式都有發現
雷同處這一點，顯示了兩者之間的關聯。

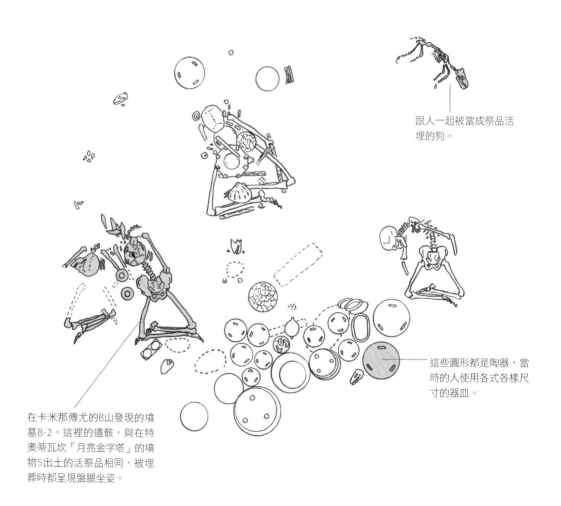

跟人一起被當成祭品活
埋的狗。

這些圓形都是陶器，當
時的人使用各式各樣尺
寸的器皿。

在卡米那傅尤的B山發現的墳
墓B-2。這裡的遺骸，與在特
奧蒂瓦坎「月亮金字塔」的墳
物5出土的活祭品相同，被埋
葬時都呈現盤腿坐姿。

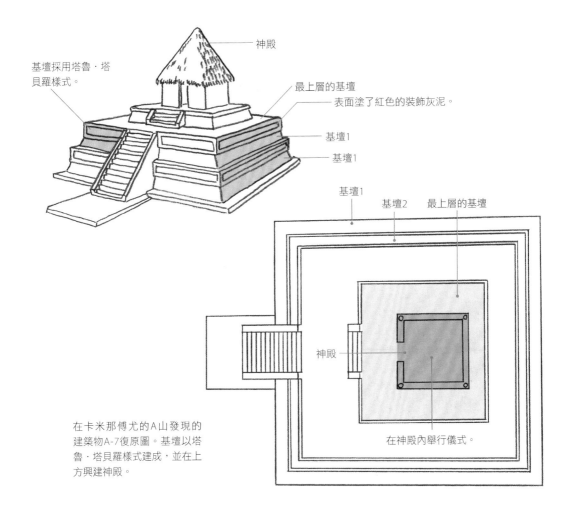

神殿

基壇採用塔魯‧塔貝羅樣式。

最上層的基壇
表面塗了紅色的裝飾灰泥。

基壇1

基壇1

基壇1

基壇2

最上層的基壇

神殿

在卡米那傅尤的A山發現的建築物A-7復原圖。基壇以塔魯‧塔貝羅樣式建成，並在上方興建神殿。

在神殿內舉行儀式。

瓜地馬拉高地上的卡米那傅尤，是一座位於現今瓜地馬拉市西郊外的遺跡，距離特奧蒂瓦坎的直線距離約為1,300公里。這座遺跡大約從前古典期中期（西元前700年）開始有人類居住，到了前古典期後期，發展成與附近的伊薩帕文化同樣的大祭司重鎮，擁有精緻的石雕和陶器。在前古典期的末期，這裡曾一度沒落，但在西元400年左右開始的希望時期（約為西元400～600年），卡米那傅尤憑藉著與特奧蒂瓦坎的密切聯繫，再度迎來繁榮。

現在被劃進遺跡公園的地區中，在A山、B山等區域發現了建築物，建築物的基壇，呈現階梯金字塔狀，採用了特奧蒂瓦坎特有的塔魯‧塔貝羅樣式。雖然特奧蒂瓦坎所在的墨西哥高地，蘊藏著豐富的建築用石材，但卡米那傅尤很難取得，所以建材以黏土為主，並在表面塗上紅色灰泥裝飾。階梯狀基壇的正面設有樓梯，神殿則蓋在最上方。

在這些「山」的正面階梯下發現了墳墓，並出土了三足圓筒陶器、特拉洛克壺、薄壁橙色陶器等許多特奧蒂瓦坎樣式的遺物。

三足圓筒陶器、薄壁橙色陶器、燭台

在與特奧蒂瓦坎有來往的地區，都曾發現三足圓筒陶器。特奧蒂瓦坎的三足圓筒陶器，最早出現於特拉米米洛爾巴前期（約為西元200～300年），但腳部呈現方型的設計，是在特拉米米洛爾巴後期（西元300～450年）才出現，而模仿塔魯‧塔貝羅樣式的三足陶器，則是肖拉潘前期（西元450～550年）的

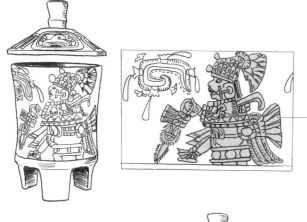

圖中畫著頭戴羽毛頭飾的特奧
蒂瓦坎人。
（部分改繪自Kidder et. Al.，
1946）

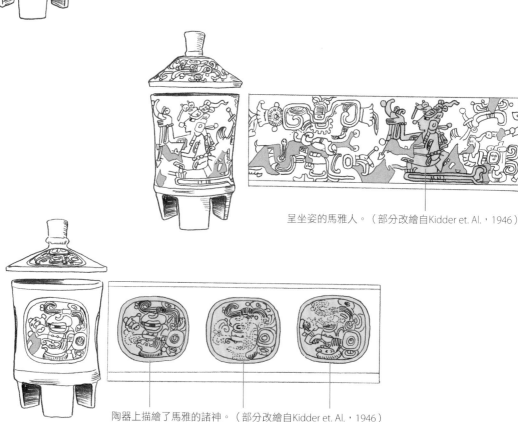

呈坐姿的馬雅人。（部分改繪自Kidder et. Al.，1946）

陶器上描繪了馬雅的諸神。（部分改繪自Kidder et. Al.，1946）

產物。由此可推論，在卡米那傅尤發現的特奧蒂瓦坎陶器，很有可能屬於特拉米米洛爾巴後期到肖拉潘前期之間。

在希望時期的墳墓中發現的陶器，與日常用品有很大的差異。這些陶器可能是為了統治階層特別訂製，也可能是從特奧蒂瓦坎運來的。三足圓筒陶器中，有些上頭會塗上裝飾灰泥，再刻畫圖案，圖案的內容包括拿著羽毛頭飾的特奧蒂瓦坎貴族、坐著的馬雅人，以及馬雅的諸神。

薄壁橙色陶器的分布範圍和三足圓筒陶器同樣廣泛，這些陶器是在墨西哥的普埃布拉州（Puebla）生產，經由特奧蒂瓦坎流通到整個中部美洲。

在這裡也出土陶製的「燭台」，功能可能是隨身型香爐，在特奧蒂瓦坎的特拉米米洛爾巴至肖拉潘時期出現，這種特殊的香爐，廣泛分布於與特奧蒂瓦坎有來往的地區。

在墨西哥普埃布拉州製作的薄壁橙色陶器，經由特奧蒂瓦坎來到卡米那傅尤。
（部分改繪自Kidder et. Al.，1946）

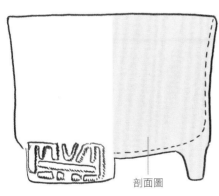

剖面圖

在卡米那傅尤的金字塔地區出土的特奧蒂瓦坎樣式三足圓筒陶器與燭台。
（部分改繪自菸草與鹽博物館，1994）

在特奧蒂瓦坎出土的「燭台」，被當成攜帶型香爐，廣泛分布於與特奧蒂瓦坎有交流的地區。
（部分改繪自Cowgill，2015）

在中部美洲各地廣泛分布
特奧蒂瓦坎的陶器樣式

科潘遺跡
（宏都拉斯）
Copan

科潘人在宏都拉斯的西北方建立王朝。
出土的陶器上描繪的建築樣式，
展示了當時與特奧蒂瓦坎的密切連結。

科潘遺跡第11號神殿中的巨大頭像。

科潘（Copan）遺跡位於宏都拉斯西北部，是東南馬雅地區的馬雅文化重鎮之一。海拔約為600～1,400公尺，莫塔瓜河的支流科潘河流經盆地中央，其沖積平原面積約有1,200公頃。學界稱為「核心區（Main Group）」的市中心地帶坐落盆地中心，周邊有建築物密集的艾爾波斯齊（El Bosque）地區與拉斯塞布勒圖拉斯（Las Sepulturas）地區。

就目前所知，整個科潘盆地裡大約有3,500座建築物。在科潘遺跡的中心，北側有廣場，南側則是建築物集中的「衛城（Acropolis）」。

從西元5世紀初期，亞克庫毛（全名為K'inich Yax K'uk' Mo'，意為「偉大的太陽」）創立科潘王朝算起，直到9世紀王朝傾頹為止，科潘總共歷經了16位國王。第16代統治者雅克斯潘（Yax Pasaj Chan Yopaat）把這16名國王的形象刻在祭壇上，並在石碑上刻畫開國元君授予王權之杖的場面。至於歷代國王的事蹟，在以琳達舍勒（Linda Schele）為首的諸多碑文學者的研究下，每天都有新的解釋與發現。

科潘王朝的創始人

科潘王朝的創始者是亞克庫毛，祭壇Q上方的碑文中，記載了科潘王朝的開始：「西元426年9月15日，當時仍被稱為庫毛亞浩（K'uk' Mo'Ajaw'，意為聖主）的初代國王登基，即位153日後抵達科潘。」也就是說，科潘王朝的第一位國王，是在科潘以外的地方即位，後來才長途跋涉來到科潘。

考古學家夏勒發掘的神殿16，其最早的建築物稱為「福納羅神殿」，就是一座塔魯·塔貝羅樣式的建築物；而在埋葬王妃的瑪格麗

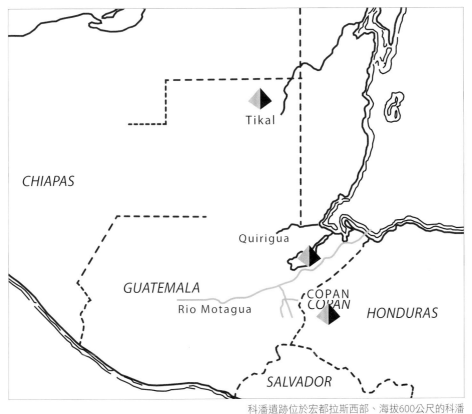

科潘遺跡位於宏都拉斯西部、海拔600公尺的科潘盆地中。莫塔瓜河的支流科潘河流經盆地中央。

整座科潘盆地都有建築物的遺跡。都市的中
心地帶，有許多建築物和石碑，圍繞市中心
的拉斯塞布勒圖拉斯地區、艾爾波斯齊地區
則是上流階級的居所。

科潘都市區

黑色圓點代表建築物

科潘河

特神殿中，也出土了稱為「絢彩罐
（Dazzler）」的特奧蒂瓦坎樣式三足圓筒陶
器，陶器上畫著塔魯·塔貝羅樣式的神殿。從
這些證據，我們可以認為科潘的初代國王，是
一位與墨西哥高地（特奧蒂瓦坎）關係匪淺的
人物。

738年的事件

在第13代國王瓦沙克拉洪·烏巴·卡維
爾（Uaxaclajuun Ub'aah K'awiil，在位期間為

西元695～738年）的治世下，科潘王朝順利
而繁榮，國王也建了許多刻著自己肖像的石
碑。碑文記載，西元738年1月6日，完成了新
的球戲場，但瓦沙克拉洪·烏巴·卡維爾卻在
同年的4月，被科潘的藩屬國基里瓜國王卡
克·蒂利烏·錢·約帕特俘獲，並在6天後被
「斬首」。舍勒解讀為：「瓦沙克拉洪本來是
為了新竣工的球戲場，想要抓些活祭品才出兵
基里瓜，卻被反將一軍，成了階下囚。」這件
事對科潘而言極不光彩，過了許多年才被記在

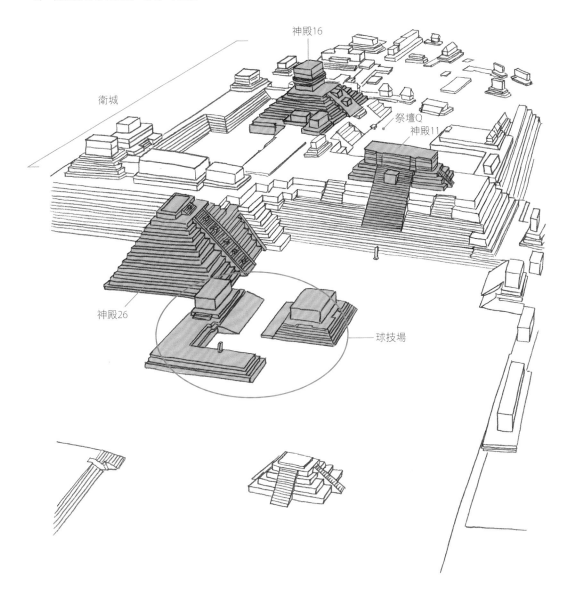

城市中心的復原圖，南側廣場建有許多的石碑，北側則密布著建築，稱為「衛城」。

衛城

神殿16

祭壇Q

神殿11

神殿26

球技場

碑文上。根據科潘的碑文所述，國王命喪於「標槍與盾」下，這與基里瓜碑文說的「瓦沙克拉洪‧烏巴‧卡維爾遭到『處刑』」不同，科潘的版本，是國王光榮地戰死沙場。第13代國王的時期是科潘王朝的全盛期，卻因此突然迎來破滅。

科潘的復興：建立神殿26

第14代國王卡克‧霍普拉赫‧錢‧卡維爾在西元749年死去，兒子卡克‧伊比亞赫‧

錢‧卡維爾即位成為第15代科潘國王。他傾力於科潘的復興計畫，並改建神殿26。這座神殿的階梯高達21公尺，刻著2,200個文字（神聖文字之階）以及6位國王的肖像。階梯完成於西元755年，上頭刻滿了科潘王朝的榮耀時刻。古馬雅視金字塔為聖山，神殿26中也埋葬了數名科潘國王，具有「祖先之山」的象徵意義。

科潘共有2處聖地，一座是神殿26，另一座則是位於衛城，祭祀王朝創始者的神殿16。

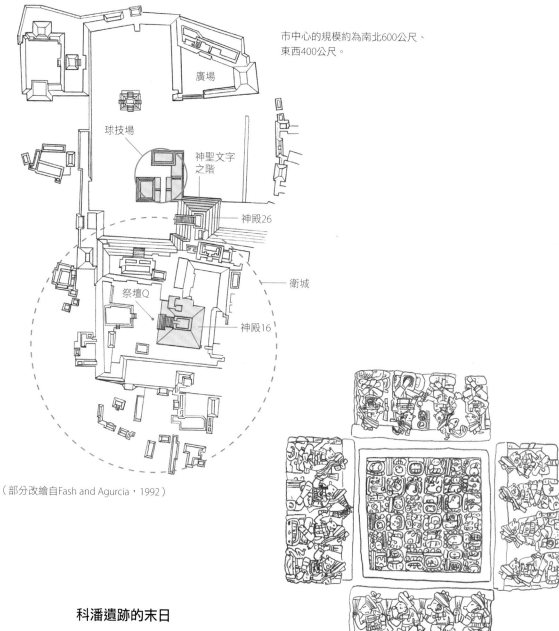

市中心的規模約為南北600公尺、
東西400公尺。

廣場

球技場

神聖文字
之階

神殿26

衛城

祭壇Q

神殿16

（部分改繪自Fash and Agurcia，1992）

第16代國王雅克斯潘在西元776年
建成的「祭壇Q」，側面刻著科潘
王朝的16位國王。

科潘遺跡的末日

　　第16代王雅克斯潘的死期不明。9世紀的
科潘王朝，因為人口成長帶來的環境破壞，讓
糧食缺乏、疾病蔓延。第16代國王死後，王
朝最後的統治者烏基特‧圖克（Ukit Took）
試圖重整秩序，他在西元822年即位，統治期
間卻非常短。烏基特模仿「祭壇Q」打造了
「祭壇L」，這座祭壇卻只刻上烏基特面對16
代國王坐著、象徵王位繼承正統性的場面，就
這麼在未完工的狀態下被放棄了。

上／「祭壇Q」的其中一面，刻著第16代國王從開國君主亞克庫毛手中接過王權之杖的場面。
中／科潘遺跡的球戲場，西元738年完工。
下／第16代國王死後，由烏基特・圖克下令製作的「祭壇L」，卻在只有一面有雕刻的狀態下遭到放棄，其他3面仍未完成。

王位繼承變遷史
留在祭壇各處的

上／第13代國王瓦沙克拉洪・烏巴・卡維爾的石碑。
下／第15代國王卡克・伊比亞赫・錢・卡維爾建造的神聖文字之階，總共使用2,200個文字，記載著科潘的榮耀時光。

歐洲篇

在歐洲的希臘、義大利兩國境內，現在仍保存著四角錐的石造建築「金字塔」。與埃及金字塔具有墳墓的功能相比，歐洲的金字塔，在性質上略有不同。

著／佐藤昇（艾利尼卡金字塔）
　　高橋亮介（塞斯提伍斯金字塔）

1 / 艾利尼卡金字塔

Pyramid in Elliniko

石砌的遺址
是軍事設施？還是塔？

A pyramidal structure.
A military facility or a tower?

希臘南部艾利尼卡地區（Elliniko）的
古希臘金字塔，
建築目的有別於其他「金字塔」，
是極具特色的建築物。

說到古希臘，最有名的應該是雪白石灰岩打造的希臘神殿，但要是說起古希臘的「金字塔」，應該就沒什麼人知道了。位於希臘西南部的伯羅奔尼撒半島（Peloponnisos）東方，阿爾戈斯（Argos）平原的邊陲地帶，就有許多金字塔建築物，稱為「艾利尼卡金字塔（Pyramid in Elliniko）」。

阿爾戈斯是古希臘的重要都市，從這座古城出發，沿著古道往西南走9公里，就能看到這些建築物靜靜地佇立在現代的艾利尼卡村旁。由於蓋在山麓原野上，從這些建築望出去的視野格外良好，甚至能看到遠方的阿爾戈斯灣。雖然這一區有不少建築都被稱作「金字塔」，但現代能確認的只有2座，其中保存狀態最良好的，就是這一章要介紹的「艾利尼卡金字塔」。

這座建築的平面圖，是14.7公尺×12.6公尺的長方形，形狀有別於埃及的金字塔，尺寸也小了不少。正如「金字塔」的字面意義，四方的牆面由下向上，呈約60°的內傾角，是用當地產的灰褐色多角形石灰岩，巧妙地堆砌而成。金字塔的上半部已經崩毀，現在剩下的建築物高度只有3.6公尺左右，如果這座建築物的最上方也呈現金字塔型，完工時的總高度應該會與短邊相等，都是12.6公尺，但現在我們還不清楚

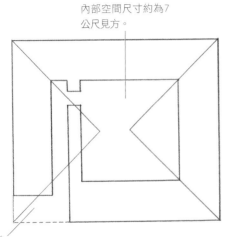

內部空間尺寸約為7
公尺見方。

入口設計得比通道
還寬。

艾利尼卡金字塔的平面圖，從入口進入後，還要
經過通道才能抵達內部的房間。

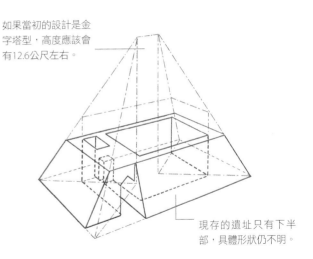

如果當初的設計是金
字塔型，高度應該會
有12.6公尺左右。

現存的遺址只有下半
部，具體形狀仍不明。

艾利尼卡金字塔的立體圖。從牆面的角度判斷，
塔頂應該只有1個頂點，但目前考古學家也不清
楚它當時究竟長怎樣。

艾利尼卡金字塔全景。

崩壞的上半部
當年究竟是什麼形狀的呢？

艾利尼卡金字塔的入口。牆面則是用不規則的多角形石材堆疊而成。

當時塔頂究竟是什麼形狀的。金字塔的東南方有個寬敞的入口，進入內部後，沿著牆面設有走廊，走到底再右轉，就可看到位於建築物中央，約7公尺見方的空間。

與鄰國間的國際情勢
也和建造目的有關？

這座金字塔究竟是什麼時候建造的呢？根據1930年代的考古調查，比較附近類似的遺跡構造，並考究出土遺物的年代，推測應為西元前4世紀後半。這也剛好吻合鄰近地區的國際情勢開始複雜的時期，這時，伯羅奔尼撒半島的霸權國家斯巴達失勢，而在北方崛起的馬其頓國王腓力二世（亞歷山大大帝的父親），也開始把政治的介入之手伸進這塊區域。阿爾戈斯人自古就與斯巴達呈對抗關係，遂與反斯巴達的各國結盟，並在腓力二世的支援下出軍，獲得了領土。

我們尚不清楚，這種國際情勢對艾利尼卡金字塔的建造發揮了多少影響。有位研究者推測，這些金字塔是建來當成守衛隊的哨所，因為沒有在現存的遺跡裡發現射箭孔等作戰用構

地面仍保有高約3.6公尺的建築原型，上方則已經崩毀，周圍散落著本屬於上部結構的石材。

造，很難想像它是一座軍事據點，所以認為更有可能是讓小規模守備隊、步哨在此駐紮的設施。從這座金字塔能一覽周圍平原無遺的優秀位置來看，或許可以佐證；但這套假說卻無法說明，為什麼要把哨所建成金字塔構造。

關於建築物的年代與建設目的，研究者們也提出許多想像，有位研究者認為這是西元前350年左右，農場主人在自家地裡興建的「儲物塔」。外牆的斜面或許是為了方便架梯攀爬，內部也可能是用來儲存水、橄欖油，或者收納其他物資。確實在古希臘的農場裡也發現了好幾座具備這種儲物功能的「塔」（雖然未必是金字塔型），我認為這是比較妥當的看法。

建築物的推測年代
因最新考古技術而搖擺

在古代文獻中，西元2世紀的地理學家保薩尼亞斯（Pausanias）曾提及這個地區的金字塔型建築，並認為它們是太古的墓所。神話時代，阿爾戈斯王亞克里西俄斯（Acrisius）在與兄弟普羅伊多斯（Proitos）開戰爭奪王位時，為了憑弔殞命沙場的士兵們，於是建造了金字塔狀的共同墓地。不過如果照保薩尼亞斯的敘述，這應該與艾利尼卡金字塔是不同的東西，兩者之間的關係也不明。而且既然是神話故事，確切的建築年代就不用說了，也不一定能反映金字塔本來的建設目的。

有趣的是，在20世紀末，學界出現了「艾利尼卡金字塔是能與埃及金字塔並列的古老建築物」的主張。運用最新技術熱釋光測年法，計算出建設年代應為西元前3240±640年，後來又修正計算為西元前2730±720年。有人根據這個推測年代，認為這座金字塔應該是用來祭祀祖先和英雄的祭祀建築（英雄祠）。不過關於這種測年法，仍有很多問題點，現在的艾利尼卡金字塔，還被史學家拿來跟民族主義、反西歐中心主義綁在一起，成為行內人才知道的現代史有趣場面。

2 / 塞斯提伍斯金字塔

Pyramid of Cestius

Italia

象徵權力者的「四角錐」

"Square pyramid"
as a symbol of power

義大利羅馬也有座被當成陵墓的金字塔。
這座金字塔的造型，
之所以會類似古埃及的建築物，
或許是為了紀念征服埃及，
也可能是作為「權力者的象徵」。

金字塔東面銘刻著建造與修復的歷史。

上／塞斯提伍斯金字塔位於奧斯蒂恩塞廣場，最近的地下鐵站名為「Piramide」，意為「金字塔站」。

左下／現在的金字塔與後世增建的城牆融為一體。

右下／塞斯提伍斯金字塔，是在羅馬初代皇帝奧古斯都在任時建造的。

位於羅馬的塞斯提伍斯金字塔，是在初代羅馬皇帝奧古斯都的治世下，建於西元前18～12年的陵墓。這座縱長型的金字塔，高度約37公尺，底邊長約29公尺，本體由混凝土打造，表面鋪滿了北義大利的露娜（Luna，現在的卡拉拉）產的白色大理石。內部的墓室是深6公尺、寬4公尺的長方形，天花板呈圓拱頂構造。墓室內部還以濕壁畫做裝飾。

塞斯提伍斯金字塔的位置就在奧斯蒂恩塞（Ostiense）廣場對面，現在雖然被後人建起的城牆包圍，但在完工當時，這個地方卻屬於城外。古羅馬忌諱在城市內埋葬死者，都是沿著城郊的道路蓋墳墓，金字塔在這當中自然格外顯眼。它位於連接都市羅馬和西南港都奧斯蒂亞的奧斯蒂亞大道（Via Ostiense）三叉路口，面向道路的西面與東面上刻著「凱烏斯·塞斯提伍斯·艾布羅、路奇烏斯之子，隸屬波布莉莉亞區，法務官、護民官、聖餐7人神官」等文字，描述被葬者的名字、生前擔任的

墓室內部在2016年修復完成，並向一般民眾公開展示。直線和燭台圖案區分了牆面空間，長方形的板狀部位則畫著小小的女性和陶壺。

官職，藉此我們可以得知，墳墓的主人塞斯提伍斯是羅馬的貴族，並曾任元老院議員。在金字塔的東面，記載著「本工程由繼承人彭蒂烏斯・梅拉（隸屬於克勞烏蒂亞區，普布利烏斯之子）遵照遺囑，在330日內完工，並與自由民波圖斯共同監造完成」，下方的「1663年修復完成」字樣則當然是近代才補刻上的。

推測金字塔年代的決定性線索，是在金字塔旁發現的塞斯提伍斯青銅像。底座上刻著碑文，上頭列出路奇烏斯・彭蒂烏斯・梅拉・塞

斯提伍斯（金字塔上的名字）的兄弟路奇烏斯・塞斯提伍斯等7名繼承人的名字。皇帝奧古斯都的心腹兼女婿瑪爾庫斯・阿格里帕也榜上有名，因為阿格里帕死於西元前12年，塞斯提伍斯之死肯定更早。此外，建造這座銅像的資金來源是，「繼承者們依照凱烏斯・塞斯提伍斯遺言，將其埋葬此墓時，遵照按察使告示，變賣禁止用於陪葬的金刺繡布（attalici）所得」。西元前18年，凱薩大帝頒布禁止將金刺繡布用於陪葬的禁奢令，所以塞斯提伍斯

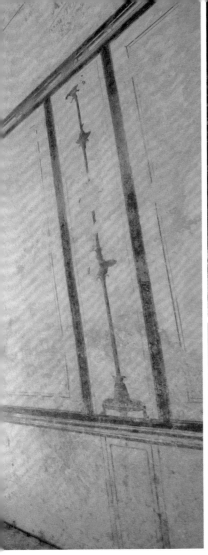

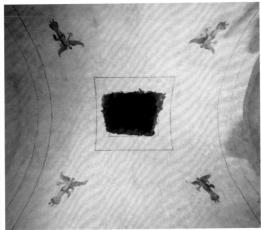

上／通往墓室的隧道是後代挖掘出來的，當時的墓室並沒有出入口。
下／墓室的天花板四角，畫著背有雙翼的勝利女神。

的葬禮必然在其之後。

　　塞斯提伍斯究竟是哪來的靈感，才會把自己的墳墓蓋成金字塔呢？最直接的想法，可能是西元前30年，埃及與羅馬帝國的合併。統治者不僅在貨幣的樣式和銘文上宣傳了征服埃及的政績，西元前10年從埃及運來的2座方尖碑，還被當成羅馬城的日晷，以及戰車競技場的裝飾。塞斯提伍斯的墳墓應該也是這種征服紀念物之一，他曾親自前往埃及，可能就是在南方的努比亞，親眼看過縱長型的金字塔。

　　在那個時代，羅馬人就已經知道，埃及金字塔這種令人驚嘆的建築物，是擁有莫大財富的太古君王之墓。或許塞斯提伍斯為了表現自己的身份和財產，而從古老的埃及找靈感。他本來打算帶進墳墓陪葬的金刺繡布，據說是由希臘化時期位於土耳其的帕加瑪王國君主阿塔羅斯一世發明，考慮到這點，塞斯提伍斯的眼光可能不只放在埃及，還想要利用一切能誇示自己存在的奢華要素。

Borobudur

婆羅浮屠篇

印度尼西亞的爪哇島上，至今仍留
存著佛教遺跡的「金字塔」。夏連特拉
王朝（Sailendra）在西元8世紀興建
的這座寺院，有如引導人們前往悟道境
界的巨大教化裝置。

著／下田一太

婆羅浮屠

Borobudur

引導人們前往開悟境界的金字塔

Invites to a state of enlightment

配置了眾多浮雕和超過500座佛像，
以及世上絕無僅有的階梯金字塔型大建築，
婆羅浮屠究竟是在怎樣的構想下興建的呢？

西元後，印度教與佛教開始在聯繫古印度與中國兩大古代文明的南海貿易之路上傳播，各地都開始興建融合當地信仰的特色建築與雕像，而自古人口稠密，作為歷史文化據點的爪哇島也是其一。西元7世紀後半，這裡開始建起了石造寺院，婆羅浮屠就是代表爪哇古代造型藝術的遺址之一。

婆羅浮屠位於爪哇島的內陸中央，距離海岸約40公里處。現在要從40公里外的古都日惹過來這裡相當容易，但在過去，對來自遠方的來訪者而言，這趟聖地巡禮應該相當困難。被整面椰子林覆蓋，人稱「爪哇之庭」的吉都盆地風光明媚，婆羅浮屠就位於盆地的中央地

帶。從這裡一眼望出去，是眾多吊鐘狀的小卒塔婆，以及眾多3,000公尺級的秀美山峰包圍著盆地，俐落稜線綿延的壯麗全景，簡直就是站在聖域的中心。

婆羅浮屠由6層方形階梯平台，以及上方的3層圓壇構成，最上層的中央卒塔婆有如直衝天際。方形平台的邊長約為120公尺，因為中央卒塔婆的頂部已經遺失，總高度不明，但學者推測應有42公尺高。婆羅浮屠是用石頭堆砌成的建築，材料是附近的普羅戈河、埃羅河沖刷下來的安山岩，石材普遍尺寸較小，厚度統一為22～23公分，雖然是一個人也搬得動的尺寸，但其總量共有55,000立方公尺，總

婆羅浮屠的最上層滿是卒塔婆（佛塔），其總高度可能高達42公尺。

左／從遠處看婆羅浮屠。
總共使用了多達75萬個石塊。
右／婆羅浮屠的平面圖。

共使用了75萬個石塊。

　　婆羅浮屠建於天然的小山丘上，丘頂鋪上了厚厚的泥土，當成堆石建築的地基。其厚度可達12公尺，整平了不規則的山丘頂部。婆羅浮屠是在18世紀前半被西歐人發現，並於19世紀由萊佛士（Raffles）等人開始進行學術調查，但此時遺跡已經瀕臨崩毀。熱帶雨林的猛烈降雨，加速了山丘頂的堆土層下陷，並讓堆石建築變形。

　　進入20世紀，婆羅浮屠展開了好幾次修復工程，特別是在1970～80年代，由聯合國教科文組織主導的國際修復工程，讓婆羅浮屠恢復了建立當時的原貌。

綿延在迴廊上的超長壁畫

　　階梯金字塔型的婆羅浮屠，是一條超長的參拜道路。下層的平台由四重迴廊構成，參拜者一邊解讀著牆面上的敘事浮雕石板，由下層向上層拾級而去。

　　最下層的第一迴廊，金字塔側的主牆和外側的護欄上，都各有上下兩層浮雕板，這4層浮雕要循順時針方向觀看，光是第一迴廊，參拜者就得走4圈才看得完；從第二迴廊到第四迴廊，主牆和護牆上則各有一層浮雕板，所以每層各要繞2圈。就這樣，參拜者總共要繞10圈，才可走完全部的迴廊，總距離長達4公里。

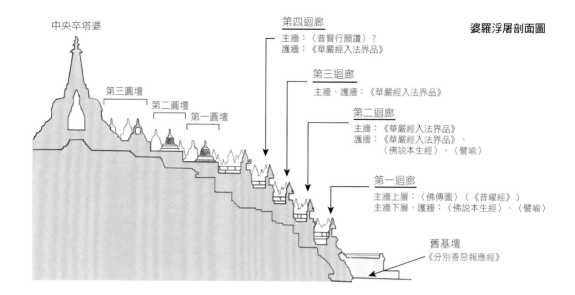

中央卒塔婆

第三圓壇

第二圓壇

第一圓壇

第四迴廊
主牆：〈普賢行願讚〉？
護牆：《華嚴經入法界品》

第三迴廊
主牆、護牆：《華嚴經入法界品》

第二迴廊
主牆：《華嚴經入法界品》
護牆：《華嚴經入法界品》、
〈佛說本生經〉、〈譬喻〉

第一迴廊
主牆上層：〈佛傳圖〉（《普曜經》）
主牆下層、護牆：〈佛說本生經〉、〈譬喻〉

舊基壇
《分別善惡報應經》

在這一圈圈的參拜之路上，參拜者要面對的是超過2,000幅的浮雕（現存的浮雕超過1,500幅）。浮雕的故事，從第一迴廊主牆上層描繪釋尊（釋迦摩尼）生涯的〈佛傳圖〉開始，第一迴廊剩餘的牆面和第二迴廊的護牆上，則是繼續講述釋尊生前善行的〈佛說本生經〉，以及以一般信者容易理解的形式講述釋尊教誨的〈譬喻〉。從第二迴廊剩餘部分到第四迴廊的護牆，是描述善財童子五十三參修成正果的故事《華嚴經入法界品》，最後則是第四迴廊的主牆上講述普賢菩薩修行與本願的〈普賢行願讚〉，為迴廊上漫長的故事劃下尾聲。

許多研究者都試圖解讀這些敘事浮雕石板上的故事，但現在仍有超過300面的石板無法確定所述為何。解讀上的困難點有好幾個，其一是爪哇人的氣質（或者說婆羅浮屠的宗教性格），會避免表現故事中過度激烈的場面，導致無法明確呈現本來的主題；其次，浮雕上登場的眾多人物形象，在不同的浮雕板上並不一致，所以難以辨認；再者，浮雕板都呈現橫長型，留白處會有許多與主題無關的描繪，也是

難以確認浮雕主題的原因。

除了現代的研究者，造訪婆羅浮屠的參拜者應該也有著同樣的煩惱。所以可以想像，當年或許有著專門講解浮雕的僧侶，擔任參拜者們的導覽員。

婆羅浮屠是何時建立的？

雖然並沒有發現任何記載婆羅浮屠建設年代的碑文或文獻，但浮雕石板給了考古學家解謎的線索。在第一迴廊下方的基壇腳邊，其實還有一層圍繞著基壇的浮雕板，這些石板刻到一半就被放棄，並且以未完工的狀態被藏在基壇的石堆中，是相當珍貴的部分，讓我們得以了解當時的人在建設時是如何加工石材的。現在於東南角，還可以看到部分舊基壇。

被藏起來的舊基壇牆面上，總計160幅的浮雕上描繪著《分別善惡報應經》，教導信眾，人類的善行與惡行，必然會伴隨著果報。這些善惡行為，在深層意識中化為種子累積起來，等時候到了，就會成為善惡的果報，在死後的天國或地獄，回報到自己身上。這些浮雕

喝酒帶來的因果報應

浮雕左側刻著2個大酒壺，並坐著酗酒的男子。右方則可看到男子因飲酒生病，照顧他的家人因此不幸的樣子。釋尊提倡5種根本的戒律（五戒），浮雕描繪了其中的飲酒是如何帶來不幸。

表情醜惡的男人們

佛典中說，生氣或是憂愁的人們，這些憂憤會化為醜陋顏相展現出來。如同所見，浮雕中的這些男子都有著醜惡的表情。石板上方用卡威文字寫著「醜惡的臉（Virupa）」。

第二迴廊

第一迴廊

被藏起來的浮雕面

勾欄上的佛龕 寺院
（內有坐佛像）

20世紀初期修復的基壇

後來加上的基壇

石板的目的，就是講述地獄刑罰的恐怖，藉以教化人們。

未完成的浮雕板上，刻著指示各面要刻上什麼畫面的短文，這些文字屬於梵語，但因為是雕刻完成後就會磨掉的暫時性文字，所以採用了省略語尾變化，非正式的卡威文字（Kawi Language）。學者分析這些文字，發現是西元778～847年間使用的字體，並指出雕刻的美術樣式屬於中印度的笈多王朝時期。綜合多方的研究，結論顯示婆羅浮屠在8世紀後半開始動工，最晚完成於9世紀中葉，是在多位執政者接棒下完成的建設事業。

基壇的建設過程中，為什麼會出現擴建的計畫變更呢？當初的基壇，除了描繪天國和地獄的浮雕，牆體上的拱緣裝飾也相當完備，與增建後的基壇相比，可說相當講究。至於變更計畫的理由，目前學界認為應該是因為階梯金字塔的下半部斜度過陡，在工程途中石材崩塌，只得強化基壇周圍的構造。不過如果只是因為這樣，大可把雕到一半的浮雕拆下來，裝到新蓋好的基壇上，所以本質上的理由可能另有隱情，換言之，或許在漫長的建築工程中，天國與地獄的主題已經不再適合寺院的整體構想，才是計畫之所以變更的關鍵理由。

現世的行為會帶來死後的報應，這種教誨雖然能讓大眾快速理解，但當時的主政者，想必是不願在這座神聖的建築物中刻下醜惡的現世惡行，以及地獄的殘酷刑罰吧。

釋尊的生涯〈佛傳圖〉

來到婆羅浮屠的參拜者，最先看到的浮雕，就是貫串第一迴廊主牆的釋尊生涯故事〈佛傳圖〉。這是基於西元2世紀成書的最古老佛經《普曜經》繪製，〈佛傳圖〉在中亞的佛教遺跡等地都可看到，是相當受到各地歡迎的題材。

在婆羅浮屠，120塊浮雕石板描繪了釋尊的人生前半部。從釋尊降誕前的天上世界開始，直到釋尊誕生、以釋迦族皇子身份自由奔放地長大、拋棄王族生活出家、苦行、開悟，初次弘法的初轉法輪過程，都被刻在浮雕上。因為其他的〈佛傳圖〉都會繼續描繪釋尊後來講道、直到涅槃的場面，婆羅浮屠的故事結束得似乎有些唐突，但其實最古老的佛經《普曜經》本來就是終於初轉法輪，婆羅浮屠反而才是忠實於原作。但也有說法認為，第一迴廊護牆上的幾塊浮雕石板，上頭描繪的就是釋尊直到涅槃的晚年生活，以及涅槃後的遺骨分配及建塔場面。

描繪釋尊生涯的〈佛傳圖〉，傳達了釋尊的思想，認為無論出家前充滿快樂的生活，或是出家後的苦行生活都不能帶來開悟，唯有奉行不偏頗的中道才是根本。踏入婆羅浮屠的參拜者，首先必須解讀這座迴廊的浮雕，閱讀釋尊的生涯故事，讓自己離悟道更近一步。

具代表性的浮雕石板

摩耶夫人的靈夢

橫臥在浮雕中央的摩耶夫人，因為自身強大的靈感，感受到尊貴之人將要借宿她的體內。浮雕的左上是從天界降臨的釋尊，化為白象之姿，即將進入夫人的腹中。

釋尊的誕生

從摩耶夫人右側腹誕生的釋尊，馬上就走了7步，並說出「天上天下唯我獨尊」。浮雕用地面長出7朵蓮花來表現這7步的足跡。

釋尊的四門出遊

身為太子的釋尊，從王城東西南北的4個城門出到郊外，在城門外遇見老人、病人、死者和僧侶，親眼見證人生之苦，害怕這些難以逃脫的事實而決心出家。這些與生老病死的邂逅場面，總共花了4面浮雕描繪，這一幅是釋尊的東門外遇見老人的場景。

釋尊出城

釋尊在夜裡偷偷騎著愛馬犍陟出城，飛天與其同行，馬的腳邊則有蓮花，由諸天人托著。據傳是釋尊25歲時發生的事。

釋尊降魔成道

出家的釋尊苦行6年，魔王摩羅不斷糾纏干擾。這幅浮雕中描繪了摩羅，以及其凶暴軍隊的戰鬥場面。朝向結跏趺坐的釋尊射去的弓箭，途中化為飄散的花瓣，釋尊擺脫了惡魔的攻擊與誘惑，就此開悟。

釋尊初轉法輪

這是釋尊在鹿野苑初次說法的場面，畫面右方坐著菩薩，左方坐著比丘，正在聆聽釋尊的說法。可惜的是浮雕中釋尊的右手已經破損，很有可能是結「說法印」（食指與姆指相捻，其餘各指自然舒散，象徵法輪催破煩惱，使身心清淨的手印）。

〈佛說本生經〉（本生故事）

大乘佛教認為，若要開悟，就要多多積累讓他人幸福的「利他行」，所以往往會要求信眾自我犧牲。第一迴廊主牆以外區域和第二迴廊的護牆上，就記載著釋尊生前不斷重複著無限的利他行故事〈佛說本生經〉。

善財童子的求法之旅《華嚴經入法界品》

從第二迴廊到第四迴廊的連綿浮雕，記載著富有的青年男子「善財童子」拜訪53位智者，尋求通往真理的教誨，最後抵達終極境界的故事。有一說法認為，日本的〈東海道五十三次〉就是參考了這個故事，但真相仍未有定論。善財童子拜訪的53人中，除了菩薩、神之子、女神、修行僧、仙人、國王，還有商人、資產家、工人，甚至是少年、少女、奴隸、娼婦。婆羅浮屠的浮雕鮮明地刻畫了童子遇見這些人並請求教導的身姿，參拜者在漫長的參訪迴廊過程中，就有如與仍在追求精神智慧階段的善財童子同行，而婆羅浮屠的超長浮雕迴廊，故事最後以善財童子在漫長旅程後遇見最高導師普賢菩薩，並找到絕對的真實中謝幕。

尸毘王故事

帝釋天為了測試廣施善政的尸毘王是否善良，故意把被老鷹追逐的鴿子送到他的眼前。為了阻止想吃鴿子的老鷹，尸毘王割下與鴿子體重等量的大腿肉送給老鷹。尸毘王在畫面右端，老鷹停駐在中央的樹枝上，鴿子則在左方天秤的一邊上。

第二迴廊到第四迴廊的浮雕石板，描繪了善財童子的漫長悟道之旅。

左／緬甸仰光的大金寺。
中／位於中國西安郊外的大慈恩寺‧大雁塔。建於西元652年，高度為64公尺。
右／日本滋賀縣大津市的石山寺‧多寶塔。建於西元1194年，是日本最古老的多寶塔。

婆羅浮屠其實是卒塔婆（佛塔）？

藉由浮雕講述佛教教誨的婆羅浮屠，這種階梯金字塔的形式，究竟有什麼意義呢？

許多論點都支持，這種形式本來是佛塔，亦即卒塔婆。所謂的卒塔婆，本來是王族或貴族的墳墓，在半球狀的土丘上插著陽傘，其後演變成安置釋尊遺骨或其代替品舍利子，用於禮拜的紀念建築。西元前3世紀在印度桑吉建立的半球狀墳塚型的卒塔婆，是最早期的遺址。許多卒塔婆在完工後，會以最初的建築物為核心，不斷增建，稱為「增擴」。這種在增擴下變得巨大化的傾向在斯里蘭卡最為顯著，過去曾出現高達100公尺上以上的卒塔婆。

興建卒塔婆的形式與材料因地而異，例如緬甸、泰國用紅磚或石頭建的吊鐘型卒塔婆，或是中國、日本的多層建築，發展出各式各樣的型態。光是在日本國內，除了五重塔、三重塔，還有保留最早半球形樣貌的多寶塔，以及多層化的石塔等，建成了各種樣式。隨著佛教的傳播，並呼應各地的信仰與造型偏好，運用當地材料及傳統技法，卒塔婆的地理散布委實相當有趣。

婆羅浮屠也是眾多卒塔婆形式之一，不

婆羅浮屠的全貌
卒塔婆在亞洲發展出各式各樣的形式，婆羅浮屠就是其中之
一，匯聚了古代爪哇文化豐富的想像力以及高度的構想力，
有如一座造型藝術的結晶。

過，如果卒塔婆的本質是供奉舍利子專用的建築，婆羅浮屠是否能滿足這個條件呢？以日本的五重塔為例，在飛鳥寺、法隆寺等地的五重塔，都曾在塔心基礎內發現舍利容器，這正是卒塔婆的確切證明。

收納舍利容器的位置，依照卒塔婆的形式而不同。光是印度的半球狀卒塔婆，即便大家都會把舍利子放在塔的中軸連線處，卻有可能放在塔頂的平頭處，或是半圓球狀的覆鉢中，並沒有統一的規則。東南亞的泰國，也有在卒塔婆中發現舍利容器的案例，但大多都是收納於卒塔婆正下方基壇內部的地下室。在這些地下室，除了保管舍利子的金銅合金容器，還發現了陶瓷、戒指、寶石等許多供品。

但在婆羅浮屠，至今卻從未發現舍利容器。雖然考古學家曾在中央卒塔婆內部發現小密室，裡頭有著未完成的石雕佛像和小金銅佛，不過這已是被盜墓者搜刮後的事，也不確定這些遺物的年代是否就是建成當年。另一種可能是，舍利容器就放在婆羅浮屠所在的自然丘陵地面，當時是直接在上方覆土建起地基後，再開始興建這座巨大的建築物。但目前並沒有能確認這件事的手段，舍利容器的所在地，成了半永久的謎團。

有兩個看法可以佐證婆羅浮屠就是卒塔婆。第一個是，婆羅浮屠的9層平台有如卒塔婆的台座，位於最上方的中央卒塔婆才是卒塔婆的本體。就像日本的五重塔，塔頂的裝飾「相輪」代表卒塔婆整體，下方的5層的木造建築則是台座。另一種看法是，整座婆羅浮屠是一座巨大的卒塔婆。這種觀點認為，婆羅浮屠下方5層的方形迴廊是基壇、上方3層的圓壇是覆鉢，而最上層的中央卒塔婆，則對應到平頭以上的部分。印度桑吉的卒塔婆，也在基壇周圍配置欄杆，圈出迴廊般的空間。或許參拜卒塔婆的時候，就需要伴隨著反覆順時針繞著周圍走的行為，修行者在不斷繞圈圈的過程中，會漸漸開始覺得右手邊的巨大卒塔婆與自己融為一起，而進入無我的境界。

關於我們究竟該把婆羅浮屠當成哪種卒塔婆來看待，仍然留有不少疑點，不過這也證明從印度發端的卒塔婆，在亞洲各地經歷了大膽

日本的獨特卒塔婆「頭塔與土塔」

雖然日本的五重塔式族塔婆很有名，但應該很多人不知道，日本也有跟婆羅浮屠一樣的階梯式金字塔型卒塔婆。以下將介紹2座與婆羅浮屠幾乎同年代，正確來說是稍早建立的卒塔婆。

第一座是位於奈良東大寺南方1.7公里處的「頭塔」，估計為西元760年動工，並在767年完工。基壇上設有7層平台，最上壇則有座八角平面的佛堂。基壇邊長為32公尺，高度為9.1公尺，各層也設置了刻著佛教宣講的浮雕石板，簡直就是與婆羅浮屠的迴廊相同的構想。

另一座則是位於大阪堺市的「土塔」，建於西元727年。基壇上設有12層，經過修復

奈良東大寺南方（上），以及大阪堺市（下，復原示意圖）都有四角錐、亦即金字塔型的卒塔婆。兩者皆建於西元8世紀。

後，在頂部也有跟頭塔相同的八角堂。在土塔周邊挖出了大量當時鋪在各層的瓦片，夯土建成的基座上方都是用瓦砌成。土塔的邊長約32公尺，高達9公尺。

的變異，並變化出各式各樣的樣貌。

婆羅浮屠是一座曼荼羅嗎？

婆羅浮屠這種階梯金字塔的形式，很容易讓人聯想到將密宗思想和宇宙觀圖像化的立體曼荼羅。說到立體曼荼羅，應該很多讀者會想到日本京都東寺講堂內的佛像諸尊吧。婆羅浮屠也遵循幾何學，整齊配置了504尊佛像。許多研究者根據這些佛像的位置，不斷探討這座曼荼羅表現了什麼思想、佛像的尊格，以及依據了哪些經典。

婆羅浮屠的佛像，依照印相可以分成6種尊格。從基壇到第三迴廊主牆上的佛龕，朝著東南西北方向安置了92尊印相各異的佛像，東面的佛像手結「觸地印」、南面的佛像手結「與願印」、西面的佛像手結「禪定印」、北面的佛像手結「施無畏印」。

所謂的「結印」，源自古印度的習慣，用特定的手勢表現人類的活動與感情，也是將佛傳中的釋尊手勢圖像化的結果。例如觸地印是源自釋尊開悟前，受到魔王誘惑時，以右手碰觸地面呼喚大地女神擊退魔王的故事（不妨翻回P.139，看看降魔成道的浮雕中，釋尊確實手結觸地印）。第四迴廊四方的主牆上，配置了64尊手結「說法印」的佛像，在更上方的圓壇上，72座小卒塔婆中，則安置著手結「轉法輪印」的佛像。

關於這些結印的佛像尊格排序，有很多種說法，有一共識是，這些佛像是依據《初會金剛頂經》設計的曼荼羅。這部經典完成於西元7世紀末，並在8世紀中葉完成漢譯，在爪哇人開始著手興建婆羅浮屠的當時，是最新的宗教思想。

對照以《初會金剛頂經》為基礎繪製的〈金剛界曼荼羅圖〉，朝著四方結著不同手印的婆羅浮屠佛像，尊格依序可解釋為為東方的「阿閦如來」、南方的「寶生如來」、西方的「阿彌陀如來」、北方的「不空成就如來」。將阿彌陀如來配置在西方淨土這點，與平等院鳳凰堂、淨琉璃寺等日本的淨土式寺院相通。

安置在圓壇上的小卒塔婆中的佛像，手結轉法輪印。

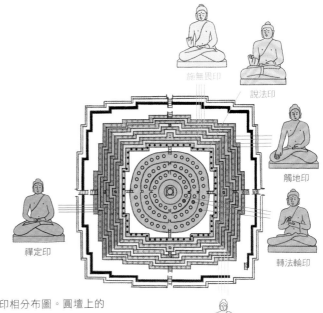

婆羅浮屠共計504尊佛像的印相分布圖。圓壇上的佛像結「轉法輪印」，最上層的迴廊佛像結「說法印」，下層的迴廊則依序為東面「觸地印」、南面「與願印」、西面「禪定印」、北面「施無畏印」。

朝陽下的婆羅浮屠東面。迴廊上的
每座佛龕裡都端坐著手結觸地印的
佛像。

　　關於最上層的這兩種佛像，學界尚無定見，眾說紛紜。最廣為流傳的說法是，第四迴廊上的佛像是毘盧舍那如來、圓壇上的佛像是釋迦摩尼如來。這是基於古代爪哇佛教聖典《聖大乘論》中記載，上述的阿閦等四如來和毘盧舍那如來，都源自釋迦牟尼。不過如果婆羅浮屠是一座引人開悟的建築，接下來我想要介紹另一個更可信的觀點。

　　我們不妨再看一次婆羅浮屠的〈佛傳圖〉，浮雕上描繪的釋尊說法身姿，從初轉法輪的場景開始（可參考前頁插圖），每一尊都手結「說法印」，並沒有轉法輪姿態的釋尊。也就是說，若把第四迴廊上手結說法印的佛像當成釋迦牟尼如來，更合乎道理。至於毘盧舍那如來，一般都呈「智拳印」、「定印」、「法輪印」3種姿態之一，圓壇上手結法輪印的佛像若為毘盧舍那如來，也是很自然的。

　　善財童子的求道之路佔據迴廊的大半篇幅，這無疑是因為婆羅浮屠的根本思想，源自記載善財童子故事的《華嚴經》。在華嚴經中，稱呼剛開悟的釋尊為毘盧舍那如來，參拜者穿過婆羅浮屠的方形迴廊抵達圓壇的行為，正是釋尊開悟得道過程的具現，所以我們也應該認為，佛像從釋迦牟尼如來轉換成毘盧舍那如來了。釋尊開悟後成為毘盧舍那如來，與眾多如來一起坐在宇宙中心「須彌山」的樓閣中，其配置為阿閦如來、寶生如來、阿彌陀如來、不空成就如來朝向四方端坐，毘盧舍那如來則端坐正中央。婆羅浮屠的佛像群以這份配置為基礎，還加上了釋尊化身毘盧舍那如來的過程。

　　婆羅浮屠正是這份滿是普遍真理的開悟宇宙觀縮影。修行者置身這座立體曼荼羅中，走過迴廊，甚至在此冥想，從視覺、體驗上認識整個真理世界，最後與真理世界合而為一，達到開悟的境界。

將曼荼羅具現化的金字塔型建築

烏達雅吉利的佛塔（印度）

在密宗美術的起源奧里薩邦，有著一座四方配有佛像的卒塔婆，遺憾的是這座卒塔婆損壞嚴重，已經看不出當初的外觀，但方形的基壇上還保留了7公尺左右的紅磚構造。卒塔婆的四方壁龕中，東方配置觸地印、南方配置與願印、西方配置禪定印的佛像，各對應阿閦如來、寶生如來、阿彌陀如來，北方的佛像雖然也手結禪定印，但從這個地區特有的風格推斷，這裡的佛像應該是大日如來。北面設置大日如來的理由雖然不明，但有可能是因為不空成就在四方如來中勢力最弱，於是就被換成了在當地獲得熱心信仰的大日如來。

克薩里亞的佛塔（印度）

在印度東北的比哈爾邦，近年發現了數座大型的卒塔婆，當中最廣受矚目的，就是1998年發現、至今仍在持續發掘調查的克薩里亞佛塔。以紅磚建成的這座建築物，呈現高度約120公尺的圓錐形，現存部分的高度為33公尺，推測當時應有45公尺。階梯狀的基壇上設置許多壁龕，裡頭配有佛像。甚為遺憾的是，這座佛塔在中世遭到伊斯蘭教徒嚴重破壞，當時的構造與建築年代已經不明，也無法

看出佛像的尊格配置，但建於4世紀的說法相當有力。

婆羅浮屠是古代爪哇人創造力的精華，這是不變的事實，但婆羅浮屠把卒塔婆設置於佛像群加持的台階金字塔上，這種構想確實是有其發展前因的。

日喀則白居寺十萬佛塔（西藏）

始於印度的曼荼羅發展史，如今在西藏得到了最好的保存。建於西元1427年的白居寺十萬佛塔，保留了極多的曼荼羅圖，建築本身也被設計成一座立體曼荼羅。十萬佛塔也與婆羅浮屠相同，呈現9層構造，總計5層的基壇包括基底到第4層，外側則設有迴廊。第5層是圓筒狀的覆鉢、第6層是方形的平頭，第7、8層則是圓錐狀的相輪。塔頂的第9層是開放的天台，最上方配有寶瓶。到天台為止的高度為37公尺，若算上寶瓶頂部，總高度為42公尺，立體的構造與高度都與婆羅浮屠吻合，相當神奇。不過，相較於婆羅浮屠是沒有室內空間的露壇，十萬佛塔的各層設有許多壁龕和房間，這點是最大的不同。十萬佛塔供奉著超過2萬件曼荼羅圖等佛畫以及佛像，展現了縝密而完整的密宗世界。

西藏日喀則白居寺的十萬佛塔。第6層的平頭，四面畫著眼、眉與白毫（佛眉心的圓點），表現整座佛塔有如佛的身體。

位於尼泊爾波卡拉的西藏寺院，天花板裝飾著曼荼羅。在西藏寺院中，常可看到曼荼羅圖。

建來讓探求悟道者登頂的金字塔

在章節的前面，我們已經確認了婆羅浮屠的構想，源自卒塔婆和立體曼荼羅。這座具有壓倒性份量感的寺院，也是一座與爪哇地區自古以來對山的信仰完美融合的建築。

山岳信仰是在世界各地都有的信仰，對日本人而言格外親切。受到豐饒山林滋養的日本人，精神文化的根底，深深藏著對群山的敬畏之念。爪哇島上也有許多海拔3,000公尺的高山，從史前時代開始，爪哇人就視山為神聖的崇拜對象。自古在山頂、山中興建的地區固有信仰場域，正是這種山岳信仰的佐證。

在爪哇島西部山中的古奴巴丹巨石遺跡（Gunung Padang），在約120公尺的山脊斜坡上，整建出5層平台，是一座利用自然地形的非典型階梯金字塔。各層平台上，以玄武岩建起了許多設施，雖然建築年代不明，但這裡曾經是有別於佛教、印度教的土著信仰儀式場。

雷巴奇貝杜遺跡（Lebak Cibedug）也座落於爪哇島西部的山中。在這座複合宗教設施群的深處，有一座與婆羅浮屠同為9層的堆石造階梯金字塔。雖然金字塔的最下層邊長為19公尺，總高度不超過6公尺，但由於善用了地勢，這座金字塔的存在感遠遠超過其實際規模。這裡也可能是隔絕外來宗教的信仰聖地，在這些遺址上，設置著巨石，象徵死者靈魂降臨的依託，類似於日本古代祭祀場中的「磐座」。

這些在地信仰，後來與來自印度的外來宗教和平融合。與佛教並列、在印度信眾繁多的印度教，也在爪哇的山地裡蓋起寺廟。爪哇的第一座濕婆教聖地迪昂高原（Dieng Plateau）、古東宋荀（Gedong Songo，西元7～8世紀初期）、古農烏奇爾（Gunung Wukir，西元8～9世紀）都位於高地。

婆羅浮屠也是在自然形成的山丘覆土建成，從上述的聖地案例，不難想像這座山丘很有可能從史前時代起，就是重要的信仰聖地。古代人在神聖的丘陵地形上蓋起階梯狀金字塔，並讓參拜者反覆繞過迴廊，設置了漫長的登頂動線。婆羅浮屠正是一座把攀登行為當成目的的人工山。

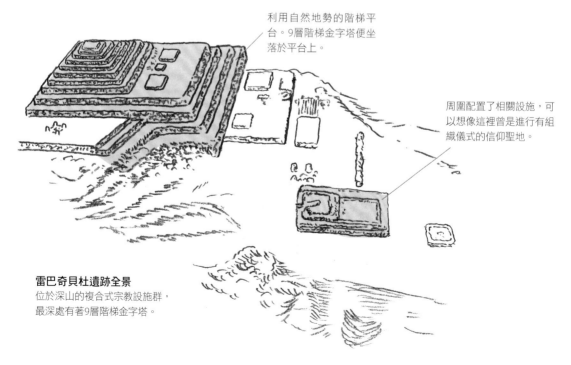

利用自然地勢的階梯平台。9層階梯金字塔便坐落於平台上。

周圍配置了相關設施，可以想像這裡曾是進行有組織儀式的信仰聖地。

雷巴奇貝杜遺跡全景
位於深山的複合式宗教設施群，最深處有著9層階梯金字塔。

根據迴廊浮雕上雕刻的華嚴經教誨，菩薩的修行過程將心靈的提升分為10個階段。有一說認為，包含中央卒塔婆在內共有10層的婆羅浮屠，表現的正是菩薩修行中的這10個階段，而漫長的修行，也由金字塔的台階實體化了。很明顯地，婆羅浮屠是結合了這個地區自古傳承的山岳信仰，以及最先端的佛教思想，並且將之具現化的創造性建築。

若再進一步說，建立婆羅浮屠的夏連特拉王朝（Sailendra），在梵語中意為「山的君主」或是「從山岳來的王」；推動建設工程的在位者因陀羅王（Indra，在位期間約為西元782～812年），他的名字也來自住在須彌山的神明。

婆羅浮屠既是佛塔也是曼荼羅，更是一座山。這些信仰，在世界絕無僅有的造型與精緻的雕刻藝術下完美統合，創造了循循善誘、帶領人們開悟的教化裝置。

婆羅浮屠整座寺院，表現了大乘佛教中的欲界、色界、無色界：舊基壇象徵「欲界」，講述《分別善惡報應經》中，脫離慾望造成的冷酷業報與因果之道；迴廊基壇是追求悟道的「色界」，有記述釋尊開悟之路的〈佛傳圖〉、宣揚悟道之路上累積利他不可或缺的〈佛說本生經〉，以及描述善財童子求道歷程的《華嚴經入法界品》；圓壇則象徵了精神世界「無色界」，毘盧舍那如來在此開悟成道。

修行者走過牆面滿是雕刻的漫長迴廊封閉空間，終於抵達圓壇，在開闊的天空下眺望群山、重獲自由。從迴廊內封閉而充滿動感的雕刻空間，到圓壇上被造型單純明快的卒塔婆包圍的寧靜開放空間，視覺上產生了戲劇性的變化。抵達此處的修行者，心境有如昇華到充滿大光明的開悟之境。婆羅浮屠是諸多信仰與思想的重疊，是一座藉由壓倒性的體驗，帶領修行者開悟的巨大建築。

位於爪哇島中央的迪昂高原。西元7世紀末期至8世紀的印度教寺院，林立在海拔2,000公尺以上的深山中。

婆羅浮屠圓壇上的視野
行經漫長的迴廊，終於來到金字塔最上層的修行者，在圓壇抵達開悟的境界。符合聖地的莊嚴氣氛，包圍著婆羅浮屠。

金字塔的
調查與歷史

河江肖剩

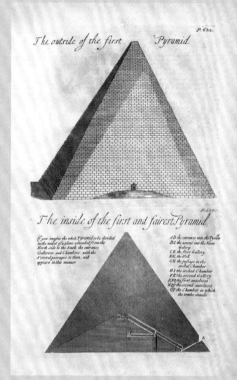

約翰・古利烏斯在《圖例金字塔：描繪埃及
金字塔》（1646年）中，描繪了大金字塔
的剖面圖。

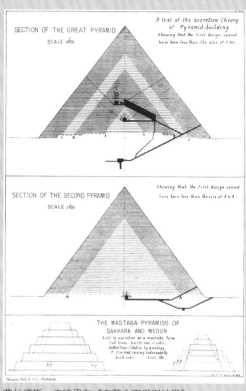

弗林德斯・皮特里在《吉薩金字塔與神殿》
（1883年）中，畫出了古夫金字塔與卡夫
拉金字塔的剖面圖。

測量者們

　　一般人對考古學家在做什麼的印象，大
概會是「藉由挖掘發現各種物質文化資產」，
但比這更重要的，是記錄。自然科學的本質是
觀察，考古學本來也是一門藉由累積觀察、測
量、記錄，企圖理解古代人類行為的學問。

　　基於這種思想，第一個開始記錄吉薩金
字塔的人，是英國數學家約翰・古利烏斯
（John Greaves，1602～1652年），他有著超
前時代的學術直覺，當時利用了他所能入手的
最優質機器，測量了金字塔的內外，也是最早
提倡金字塔可能是王墓的學者。

　　不過他的作為，並沒能在學術界就此揭
開研究金字塔的序幕，直到拿破崙遠征埃及
時，才開始有學術調查。1798年，拿破崙召
集各領域共計超過150名的專家與遠征隊同
行，在現場做實地調查，並將成果出版成總共
23冊的巨作《埃及誌》。在吉薩，學者們測
量了裝飾板已經剝落的大金字塔，除了階梯高
度等上層構造，也詳細調查了內部。

　　近代考古學的開端，始於周延地測量了
吉薩三大金字塔、人稱「埃及考古學之父」的
弗林德斯・皮特里（Flinders Petrie，1853～
1942年）。他收集了當時歐洲最精細的科學
機器，測量調查金字塔群，並在著作《吉薩金

由筆者推進的3D測量調查計畫製作的孟卡拉金字塔精密平面圖。
（由Giza 3D survey製作）

字塔與神殿》中描述金字塔的內外、測量值、建築技術與人員組織。直到現代，這本書在金字塔研究的學門，都有如啟蒙教材。近一步更新皮特里測量數據的，是美國考古學者馬克萊納（Mark Lehner，1950年～）。他受發展於美國的「過程主義考古學」影響，認為若要解開金字塔的建造之謎，不只需要金字塔本身的資訊，還需要製作整個吉薩台地的地形圖，並在台地上找出採石場、港口、工程用斜坡，以及人們曾經居住的地方。

　　近年的最新調查，則進展到可以記錄每一塊金字塔石塊、使用無人機進行3D測量調查，甚至發展出有如利用X光透視人體般，藉

拿破崙的《埃及誌》，是運用當時最好的版畫技術與印刷術製作的精裝本。現在全書內容已經數位化。

由宇宙射線透視金字塔的「緲子成像技術」。考古學者以理工的手段取得資料，並以人文學方法解讀資料，藉由這些調查，我們得以解析金字塔的構造，還在內部找到了許多過去從未發現的未知空間。

埃及文字與麥羅埃字母

宮川創
（關西大學東西學術研究所 博士後研究員）

解讀的歷史

古代的文法學者赫拉波羅（Horapollo）和中世紀的阿拉伯學者，都曾挑戰古埃及文字（聖書體），但都沒能成功。17世紀的耶穌會修士阿塔納奇歐斯‧基爾學（Athanasius Kircher，1601～1680年），發現埃及的亞歷山大科普特正教會教徒，在典禮上使用的科普特語，是聖書體詞彙的後裔。他也曾試著解讀，但在解釋字義時，卻只侷限於從聖書體的形狀聯想意義，陷入錯誤解釋的窠臼。解譯聖書體的轉機，是18世紀拿破崙軍遠征埃及時，在哈倫‧拉希德（羅塞塔）發現了「羅塞塔石碑」，上頭同時刻著聖書體、民眾文字與希臘文。

這塊石碑，最後被打贏法國軍的英國軍接手，直到現在都展示於大英博物館。不過，當時的法國人發現，這塊石碑上的聖書體與民眾文字，和下方已經能解讀的希臘文表達的意義應該是相同的，認為能成為解譯聖書體的提示，看出其價值的法國人，發現石碑後馬上就製作了摹本。其中一份摹本在曾參與埃及遠征的伊澤爾省長官，同時也是數學家的約瑟夫‧傅立葉（Joseph Fourier）手中，傅立葉把這份摹本給了當時還很年輕的尚‧法蘭索瓦‧商博良（Jean-François Champollion，1790～1832年）看，成了商博良後來成功解讀聖書體此一歷史偉業的開端。

商博良從羅塞塔石碑開始解開破譯聖書體的謎團。在這之前，人們已經知道象形繭象徵著法老的名字。商博良從圍繞著象形繭，用聖書體表音標記的埃及法老名字切入，解讀各種文件中聖書體與科普特語的對應關係。最後發現，聖書體是由表音符號、表意符號、限定符號（用於句尾以限定語意）這3種符號構成的文字體系。在商博良之後，普魯士王國的卡爾‧理查德‧萊普修斯（Karl Richard Lepsius，1810～1884年）接棒主導聖書體的近一步解讀工作，以及古埃及語的解譯，讓這門學問在德國大為興盛。

德國的埃及學家大為活躍，先有海因里希‧卡爾‧布魯格希（Heinrich Karl Brugsch，1827～1894年）持續推進民眾文字與古埃及文的解讀；阿道夫‧厄爾曼（Johann Peter Adolf Erman，1854～1937年）則將古埃及文字分為古埃及語、中埃及語、新埃及

法國的古埃及學者尚‧法蘭索瓦‧商博良發現了聖書體是由1.表音文字、2.表意文字、3.限定符號（表意文字）等3種文字構成。

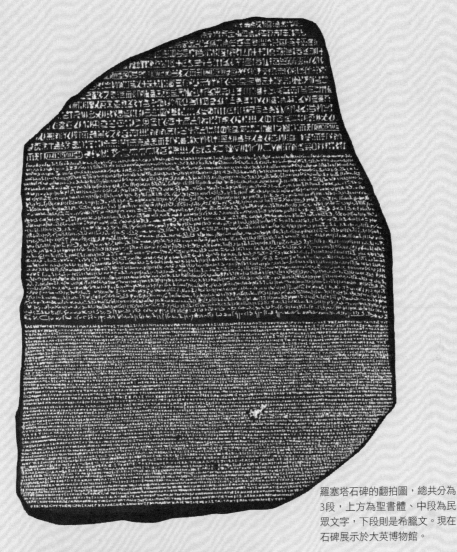

羅塞塔石碑的翻拍圖，總共分為
3段，上方為聖書體、中段為民
眾文字，下段則是希臘文。現在
石碑展示於大英博物館。

羅塞塔石碑的聖書體部分，從上
數第2行有如彈殼般框住文字的
部分稱為「象形繭」，寫著托勒
密五世（Ptolemy V Epiphanes）
的王名。

語，建立起埃及語的文法系統；其後則由漢
斯‧雅各‧波洛茨基（Hans Jakob Polotsky，
1905～1991年，1935年移住以色列）以構造
主義思維解開了埃及語的動詞體系。

　　埃及文字分為聖書體（Hieroglyph）、神
官文字（Hieratic）、民眾文字（Demotic）
等3種，現存最古老的紀錄，是從阿拜多斯的

U-j墓中出土的象牙製籤板，上頭刻著聖書
體。根據碳元素定年法，這塊文物應是來自西
元前3350年～3150年間。在往後的年代，聖
書體基本上只能用於銘刻神殿、陵墓的牆壁或
石碑，是專屬於宗教文書的文字，換句話說，
就是最神聖、最權威的文字。書寫方向可由上
至下、由左至右，也可以由右至左。

埃及路克索神廟的第一塔門，拉美西斯二世的坐像鎮座左右。

神官文字則是筆記用的文字，主要寫在莎草紙或陶片上，由右至左書寫，在日常紀錄、行政紀錄、書信，甚至是偶爾在《西努赫的故事》（Story of Sinuhe）這類文學作品中，都可以看到神官文字。

民眾文字則是草書化的神官文字，主要用於法律裁判紀錄等行政紀錄，或是日常書信，但就像羅塞塔石碑這樣，在有些碑文上也能看到它。

另一方面，在埃及南部及蘇丹北部一帶，也發現了可能是從古埃及文衍生出來的其他文字體系，稱為麥羅埃字母（Meroitic Alphabet）。麥羅埃文字分為從古埃及聖書體發展出來的麥羅埃聖刻體，以及源自古埃及民眾文字的麥羅埃民眾體。英國的埃及學家弗朗西斯・勒韋林・格里菲斯（Francis Llewellyn Griffith，1862～1934年）成功解讀這些文字屬於表音文字，但用這些文字書寫的麥羅埃語，至今仍沒能破譯。現在學界的說法主要分為「尼羅・薩哈拉語系說」以及「亞非語系說」，在麥羅埃語學者克勞德・里利（Claude Rilly）的研究下，目前前者較佔優勢。

基本的解讀規則

我們先將聖書體、神官文字、民眾文字合稱為古埃及文字，這些文字又可依功能分成3類。

一開始最常用的是表音文字，英文字母也是一種表音文字，所以可以把它們當成類似字母的文字。因為只是用來表達音韻的文字，所以本身沒有任何意義。不過，埃及文字的表音文字基本上都只有子音，在希伯來語、阿拉伯文等中東地區的語言中，都能看到這種輔音音素文字。

埃及文字的特殊之處是，雖然表音文字只有子音，但每個文字不見得只能表現1個子音，也有表現2個子音、3個子音的。表意文字則是表達單個詞語的文字，意義多半會與文字的象形有關。至於限定符號則只會出現在句末，限定該段句子的語境。

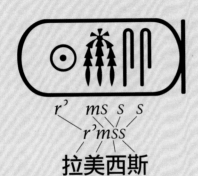

r' ms s s
r'mss

拉美西斯

拉美西斯法老王的名諱周圍被象形繭包圍，各個聖書體文字下標著文字的音。聖書體文字是只有子音的表音文字，所以埃及學者會適時插入母音，以便發音。

麥羅埃文字		推測發音		麥羅埃文字		推測發音	
民眾文字	聖書體	Hintze	Rowan	民眾文字	聖書體	Hintze	Rowan
ς2		a-				l(a)	
ς		e	曖昧母音			ch(a)	
I		o	u			kh(a)	
十		i		VII		se	s
III		y(a)				s(a)	s(e)
		w(a)				k(a)	
		b(a)				q(a)	
		p(a)				t(a)	t(e)
		m(a)		I4		te	t
		n(a)	n(e)			to	tu
		ne	n			d(a)	r(a)
W		r(a)	?	:	:	語句的區隔	

麥羅埃文字是完全的表音文字，接近印度系文字、衣索比亞的吉茲字母等元音附標文字體系，是以子音與母音（多為a）的組合表現基本文字，並加入上表中左上第2～4個母音文字，以改變其母音。這張圖表也對比了佛里茲・辛策（Fritz Hintze，表中以Hintze標記）與卡斯蒂・羅旺（Kirsty Rowan，表中以Rowan標記）版本的讀音。麥羅埃聖刻體可以直書或橫書，但麥羅埃的民眾體就只能由右至左寫。

主要參考文獻

埃及篇
特輯頁面（埃及的調查與歷史）

▲Arnold, D. (1991). Building in Egypt: Pharaonic Stone Masonry. New York, Oxford University Press.

▲Burgos, F. and E. Laroze (2020). "L'extraction des blocs en calcaire à l'Ancien Empire. Une expérimentation au ouadi el-Jarf." The Journal of Ancient Egyptian Architecture 4: 73-95.

▲Dormion, G. (2004). La chambre de Chéops: Analyse architecturale. Paris, Fayard.

▲Dormion, G. (2013). La chambre de Meidoum : analyse architecturale. Grand Saconnex, Societe d'Egyptologie.

▲Firth, C. M., et al. (1935). Excavations at Saqqara; the Step pyramid. Le Caire,, Impr. de l'Institut français d'archéologie orientale.

▲Goedicke, H. (1971). Re-used blocks from the pyramid of Amenemhet I at Lisht, New York.

▲Haase, M. (2004). Eine Stätte für die Ewigkeit, wbg Philipp von Zabern in Wissenschaftliche Buchgesellschaft.

▲Isler, M. (2001). Sticks, stones, and shadows : building the Egyptian pyramids. Norman, University of Oklahoma Press.

▲Kawae, Y., et al. (2018). 3D Reconstruction and its Interpretation of the "Cave" of the Great Pyramid: An Inductive Approach. The Perfection That Endures: Studies on Old Kingdom Art and Archaeology. K. O. Kuraszkiewicz, E. Kopp and D. Takacs, Agade Publishing: pp.231-238, PL. XXXVII-XLII.

▲Kawae, Y., et al. (2014). 3D Reconstruction and its Interpretation of the "Cave" of the Great Pyramid: An Inductive Approach. The Sixth Old Kingdom Art and Archaeology Conference, Warsaw, Poland.

▲Kawae, Y., et al. (2017). The construction method of the top of the Great Pyramid. The Seventh Old Kingdom Art and Archaeology Conference, Università degli Studi di Milano, Italy.

▲Klemm, D. and R. Klemm (2010). The Stones of the Pyramids Provenance of the Building Stones of the Old Kingdom Pyramids of Egypt. Berlin/New York, De Gruyter.

▲Krauss, R. (1996). "The Length of Sneferu's Reign and how Long it Took to Build the 'Red Pyramid'." The Journal of Egyptian Archaeology 82: 43-50.

▲Lehner, M. (1985). "The Development of the Giza Necropolis: The Khufu Project." Mitteilungen des Deutschen Archäologischen Instituts Abteilung Kairo 41: 109-143.

▲Lehner, M. (1997). The Complete Pyramids. New York, Thames and Hudson.

▲Lehner, M. and Z. Hawass (2017). Giza and the Pyramids. Chicago, University of Chicago Press.

▲Lehner, M. and W. Wetterstrom, Eds. (2007). Giza reports: The Giza Plateau Mapping Project: Project History, Survey, Ceramics, and the Main Street and Gallery Operations Boston, MA, Ancient Egypt Research Associates.

▲Lesko, L. H. (1988). "Seila 1981." Journal of American Research Center in Egypt 25: 215-235.

▲Maragioglio, V. and C. Rinaldi (1963-77). L'architettura delle piramidi menfite. Torino, Tip. Artale.

▲Morishima, K., et al. (2017). "Discovery of a big void in Khufu's Pyramid by observation of cosmic-ray muons." Nature advance online publication.

▲Monnier, F. (2017). L'ère des géants: une description détaillée des grandes pyramides d'Egypte, Éditions De Boccard.

▲Monnier, F. and D. Lightbody (2019). The Great Pyramid: 2590 BC onwards (Operations Manual), Haynes Publishing UK.

▲Nicholson, P. T. and I. Shaw, Eds. (2000). Ancient Egyptian Materials and Technology. Cambridge ; New York, Cambridge University Press.

▲Reisner, G. A. (1942). A History of the Giza Necropolis Volume I. Cambridge,, Harvard University Press.

▲Reisner, G. A. (1955). A History of the Giza Necropolis Volume II. Cambridge,, Harvard University Press.

▲Tallet, P. (2017). Les papyrus de la mer Rouge I. le « Journal de Merer » (P. Jarf A et B). Cairo, Institut français d'archéologie orientale.

▲Verner, M. (2001). Pyramid. The Oxford Encyclopedia of Ancient Egypt. D. B. Redford. Cairo, The Amecican University in Cairo Press. 3: 87-95.

▲イアン・ショー＆ポール・ニコルソン（内田杉彦訳）、『大英博物館 古代エジプト百科事典』、原書房、1995.

▲大城道則「図説 ピラミッドの歴史」、河出書房新社、2014.

▲河江肖剰『ピラミッド: 最新科学で古代遺跡の謎を解く』、新潮文庫、2018.

▲マーク・レーナー（内田杉彦訳）、『ピラミッド大百科』、東洋書林、2001.

特奧蒂瓦坎篇

▲Cabrera, R. C. [1996]. Caracteres Glíficos Teotihuacanos en un Piso de La Ventilla. in La Pintura Mural Prehispánica en México, Teotihuacan Ｉ. UNAM, México.

▲Cabrera, R.C., I. Rodríguez G., and N. Morelos G. eds. [1991]. *Teotihuacán 1980-1982: Nuevas Interpretaciones.* Instituto Nacional Antropología e Historia, México.

▲Coe, William. [1990]. *Tikal Report No.14 Volume IV: Excavations in the Great Plaza, North Terrace and North Acropolis of Tikal.* The University Museum, University of Pennsylvania, Philadelphia.

▲Cowgill, George L. [2015]. *Ancient Teotihuacan: Early Urbanism in Central Mexico.* Cambridge University Press, New York.

▲Fash, William L. and Ricardo Agurcia F. [1992]. *History Carved in Stone: A Guide to the Archaeological Park of the Ruins of Copan.* Instituto Hondureño de Antropología e Historia, Honduras.

▲Kidder, Alfred , Jesse D. Jennings and Edwin M. Shook. [1946]. *Excavations at Kaminaljuyu, Guatemala.* The Pennsylvania State University Press, Philadelphia.

▲Marcus, Joyce and Kent V. Flannery. [1996]. *Zapotec Civilization: How Urban Society Evolved in Mexico' s Oaxaca Valley.* Thames and Hudson Ltd., London

▲Martin, Simon and Nikolai Grube. [2000]. *Chronicle of the Maya Kings and Queens.* Thames and Hudson Ltd., London

▲Millon, Rene. [1973]. *Urbanization at Teotihuacan, Mexico Vol. 1,* University of Texas Press, Austin.

▲Pasztory, Esther. [1997]. *Teotihuacan: An Experiment in Living.* University of Oklahoma Press, Norman.

▲Schele, Linda and David Fredel. [1990]. *A forest of Kings: The Untold Story of the Ancient Maya.* William Morrow and Company INC., New York

▲Spence, Michael W. and Grégory Pereira. [2007]. The Human Skeletal Remanins of the Moon Pyramid, Teotihuacan. *Ancient Mesoamerica* 18(1):147-157.

▲Sugiyama, N., W.L.Fash, B.W.Fash, and S.Sugiyama. [2020]. The Maya at Teotihuacan?: New Insights into Teotihuacan-Maya Interactions from the Plaza of the Columns Complex, in *Teotihuacan: The World Beyond the City* , K.G.Hirth, D.M.Caballo, and B.Arroyo editors. Dumbarton Oaks Research Library and Collection, Washington D.C.

▲Sugiyama, Sabro. [1998]. Termination Programs and Prehispanic Looting at the Feathered Serpent Pyramid in Teotihuacan, Mexico. In *The Sowing and Dawning, edited by Shirley Boteler Mock.* pp. 146-164. University of New Mexico Press, Albuquerque.

▲Sugiyama, Sabro. [2005]. *Human Sacrifice, Militarism, and Rulership: Materialization of State Ideology at the Feathered Serpent Pyramid, Teotihuacan.* Cambridge University Press, Cambridge.

▲Sugiyama, Sabro and Leonardo López Luján. [2007], Dedicatory Burial/Offering Complex at the Moon Pyramid, Teotihuacan. *Ancient Mesoamerica* 18(1):127-146.

▲White, Christine D., T. Douglas Price, and Fred J. Longstaffe. [2007]. Residential Histories of the Human Sacrifices at the Moon Pyramid, Teotihuacan: Evidence from Oxygen and Strontium Isotopes. *Ancient Mesoamerica* 18(1):159-172.

▲青山和夫・猪俣健、メソアメリカの考古学』、同成社、1997.

▲コウ、マイケル・D.,『古代マヤ文明』、創元社、2003.

▲杉山三郎、「テオティワカン「月のピラミッド」におけるイデオロギーと国家: 1998-1999年発掘調査概要」、『古代アメリカ』3:27-52。2000.

▲たばこと塩の博物館（大井邦明　監修）、『カミナルフユー（1991-1994）』、たばこと塩の博物館、1994.

▲マーティン、サイモン　ニコライ・グルーベ、『古代マヤ王歴代誌』、創元社、2002.

歐洲篇
（艾利尼卡金字塔）

▲Lefkowitz, M., (2006) "Archaeology and the politics of origins", in G. G. Fagan (ed.) Archaeological Fantasies: How Pseudoarchaeology Misrepresents the Past and Misleads the Public. Routledge: London and New York. pp. 195-195.

▲Liritzis, I and A. Vafiadou, (2005) "Dating by luminescence of ancient megalithic masonry", Mediterranean Archaeology & Archaeometry 5-1, pp. 25-38.

▲Lord, L. E., (1938) "The "Pyramids" of Argolis", Hesperia 7, pp. 481–527.

▲Lord, L. E., at al., (1941) "Blockhouses in the Argolid", Hesperia 10, pp. 93–112.

▲Theodossiou, E., et al., (2011) "The pyramids of Greece: Ancient meridian observatories?" Bulgarian Astronomical Journal 16, pp. 130-143.

歐洲篇
（塞斯提伍斯金字塔）

▲A. Claridge, Rome（2010）: An Oxford Archaeological Guide, Oxford, 2nd ed.,

▲M. Swetnam-Burland（2015）, Egypt in Italy: Visions of Egypt in Roman Imperial Culture, Cambridge,.

▲藤澤桜子「ローマ美術のエジプト趣味: 壁画にみるアウグストゥスのエジプト征服とその影響」『群馬県立女子大学紀要』36, 2015年, 103-126頁

主要參考文獻

婆羅浮屠篇

▲Dumarcay, J., Smithies, M. (1998). Cultural Sites of Malaysia, Singapore, and Indonesia. New York, Oxford University Press.

▲Krom, N. J. (1927). Barabudur. New York, AMS Press.

▲Miksic, J. (1991). Borobudur: Golden Tales of the Buddhas. Singapre, Periplus.

▲石井和子「ボロブドゥールと『初会金剛頂経』シャイレーンドラ朝密教受容の一考察」『東南アジア－歴史と文化』No. 21、3-29、1992.

▲岩本裕「インドネシアの仏教」『アジア仏教史インド篇Ⅵ　東南アジアの仏教』佼成出版社、1973.

▲江川幹幸「レバツ・チベドゥ遺跡とバドゥイ族－西ジャワの石積み基壇遺構」『沖縄国際大学社会文化研究』、5(1)、1-32、2001.

▲小野邦彦「山岳信仰から探るジャワ島のヒンドゥー教文化」『吉村作治先生古稀記念論文集』中央公論美術出版、91-104、2013.

▲斎藤忠『仏塔の研究－アジア仏教文化の系譜をたどる』、第一書房、2002.

▲坂井隆「古代における仏塔の伝播－ボロブドゥールと奈良頭塔の関係について」『日本考古学』、25、23-45、2008.

▲田中公明『マンダライコノロジー』、平河出版社、1987.

▲田中公明『両界曼荼羅の源流』、春秋社、2020.

▲千原大五郎『ボロブドゥールの建築』、原書房、1970.

▲千原大五郎『インドネシア社寺建築史』、日本放送出版協会、1975.

▲中村元『華厳経・楞伽経』、東京書籍、2003.

▲ローケシュ・チャンドラ「真言密教の遺跡ボロブドゥル（山本智教訳）」『密教文化』、131、27-49、1980.

▲並河亮『ボロブドゥール華厳経の世界』、講談社、1978.

▲正木晃『マンダラとは何か』、NHKブックス、2007.

▲Krom, N. J.,『インドネシア古代史（有吉巌編訳）』、道友社、1985.

特輯頁（埃及文字與麥羅埃字母）

▲Adkins, L. and R. Adkins (2000). The keys of Egypt: The race to read the Hieroglyphs. New York, HarperCollins.

▲Allen, J. P. (2013). The ancient Egyptian language: An historical study. Cambridge, Cambridge University Press.

▲Dreyer, G. (2011). Tomb U-j: A royal burial of Dynasty 0 at Abydos. Before the Pyramids: The Origins of Egyptian Civilization. E. Teeter. Chicago, The Oriental Institute. 127-136.

▲Griffith, F. L. (1911). Karanòg: The Meroitic inscriptions of Shablûl and Karanòg. Philadelphia, University Museum Philadelphia.

▲Hintze, F. (1955). Die sprachliche Stellung des Meroitischen. Berlin, Akademie-Verlag.

▲Honour, A. (1966). The man who could read stones: Champollion and the Rosetta Stone. New York, Hawthorn Books.

▲Loprieno, A. (1995). Ancient Egyptian: A linguistic introduction. Cambridge, Cambridge University Press.

▲Andrews, C. A. R. (1981). The Rosetta Stone. London, British Museum Publications.

▲Parkinson, R. B., W. Diffie, M. Fischer, and R. Simpson (1999). Cracking codes: The Rosetta Stone and decipherment. London, British Museum Press.

▲Quirke, S. and C. A. R. Andrews (1988). The Rosetta Stone: Facsimile drawing. London, British Museum Press.

▲Rilly, C. and A. J. de Voogt (2012). The Meroitic language and writing system. Cambridge, Cambridge University Press.

▲Robinson, A. (2018). Cracking the Egyptian code: The revolutionary life of Jean-François Champollion. London, Thames & Hudson.

▲Rowan, K. (2006). "A phonological investigation into the Meroitic 'syllable' signs — ne and se and their implications on the e sign." SOAS Working Papers in Linguistics 14: 131–167.

▲ジャン・ラクチュール（矢島文夫、岩川亮、江原聡子訳）、『シャンポリオン伝 上』、河出書房新社、2004a.

▲ジャン・ラクチュール（矢島文夫、岩川亮、江原聡子訳）、『シャンポリオン伝 下』、河出書房新社、2004b.

▲ジョン・レイ（田口未和訳）、『ヒエログリフ解読史』、原書房、2008.

▲ブリジット・マクダーモット（近藤二郎監修、竹田悦子訳）、『古代エジプト文化とヒエログリフ』新装普及版、産調出版、2005.

▲ホラポッロ（伊藤博明訳）、『ヒエログリフ集』、ありな書房、2019.

▲マーク・コリアー&ビル・マンリー（坂本真理、近藤二郎訳）、『ヒエログリフ解読法: 古代エジプトの文字を読んでみよう』、ニュートンプレス、2000

照片提供者

河江肖剩
p002. P003, p004, 005, p010, p019上・下, p020, p021, p023,
p024, p026, p027, p028, p029, p030, p031下, p032, p033, p034,
p035, p036, p037, p038, p041, p042, ;043, p044, p045, p046,
p054, p055, p056, p057, p058, p064, p065, p066, p067, p069,
p070, p071, p072, p073, p076, p077, p078, p079, p081, p082,
p083

佐藤悅夫
p089, p093, p098, p099, p100, p101, p102, p107, p109, p121

佐藤昇
p015・5段目, p124, p126, p127

下田一太
p134, p135, p137, p138, p139, p143, p144, p147

宮川創
p151, p152

Colin Dutton/Millennium Images ・UK /amanaimages
p128

Courtesy of Ancient Egypt Research Associates Inc.
P074, p075

E. Laroze (CNRS)- Wadi el-Jarf mission
p049

Felix Arnold
p031上

The Metropolitan Museum of Art 收藏
Accession Number: 09.180.18。Public Domain
P033右下

p129上：
JEREMY HOARE/SEBUN PHOTO /amanaimages

p129下左：
v. arcomano / Alamy /amanaimages

Aflo
p012, P013, p014, p015・1-4段目, p018, p022上,・下, p086, p091,
p094, p096, p108, p116, p129下右, p140, p141, p142, p145,
p150

Aflo/AP
p130, p131上・下

結 語

　　埃及的世界遺產「孟菲斯地區」，在西元前2600～
1760年間的840年時光中，建造了超過80座金字塔。其
中，包含了吉薩三大金字塔的古王國第四王朝金字塔群，
其規模之巨大，以及人稱「接合面連一片剃刀都塞不進
去」的高超建築技巧，讓人難以想像是人類能辦到的成
就。

　　不過實際上，沒有比金字塔更帶有人味的建築了。我
在挖掘稱為「金字塔城鎮」的吉薩古代都市時，深深感受
到這點。在書中也曾登場的這座遺跡，位於人面獅身像南
方的500公尺處，這裡曾經住著吉薩的卡夫拉、孟卡拉法
老，以及與金字塔建設息息相關的人們與高官。在遺跡中
的居住、飲食生活和生活道具等痕跡，明確展示了人們與
金字塔的關聯。

　　除了這座遺跡，在金字塔本體中，也有許多能讓人強
烈感受到人類痕跡的地方。數年前，我曾有機會登頂大金
字塔，在東北角80公尺外的凹地，以及暴露在外的塔

頂，發現了可能是用於建設工程的洞穴和溝渠，以及粗糙的石材接合面。某種層面上，也讓人能明確清晰地感受到「原來金字塔並不完美」。

金字塔是不斷嘗試錯誤而成的產物。這裡有著許多失敗，也有從失敗中產生的創新，身為探求者的古埃及人，前往國內外的邊境之地，引入了各式各樣的資源。這正是金字塔帶給人的新印象。也正如本書中所述，不只在埃及，世界各地的金字塔研究，也不斷發現新的真相。

最後感謝協助出版本書日文版的Graphic社編輯坂田哲彥先生，即便我一再調整時程，仍然很有耐心地等待稿件，我打從心底致上感謝。同時也要感謝為本書描繪優秀插圖的插畫家伊藤良一先生、以語言學觀點在古埃及語篇章給予寶貴建議的宮川創老師。平常幫助我的人太多，難以一一列舉，藉此處向各位表達感謝。

2020年12月 河江肖剩

作者簡介

河江肖剩
埃及篇

考古學家、名古屋大學高等研究院副教授、美國國家地理探險家。從事 3D 測量埃及金字塔與挖掘「金字塔城鎮（Pryamid Towns）」。曾出演 TBS 的《發現世界不可思議》與 NHK 特別紀錄片等節目，推廣他對埃及文明的發現與見識。主要著作包括《金字塔：用最新科學技術解開古代遺跡之謎》（新潮文庫）、《河江肖剩的最新金字塔入門》（日經國家地理社）等。

佐藤悅夫
特奧蒂瓦坎篇

富山國際大學現代社會系教授，學術博士。專業為中美洲考古學、觀光人類學。1999年開始參加墨西哥特奧蒂瓦坎遺跡「月亮金字塔」的考古學計畫，現在仍持續調查特奧蒂瓦坎遺跡。主要著作包括《寫給學習馬雅學的人們》（合著，世界思想社）、《馬雅與印加：王權的成立與展開》（合著，同成社）等。

佐藤昇
希臘「艾利尼卡金字塔」

神戶大學研究所人文學研究科副教授。東京大學研究所博士課程修畢。專業為古代希臘史。著書包含《古典期雅典的賄賂話語》（山川出版社）、《如何看待和思考歷史》（山川出版社，編著），譯有《亞歷山大帝》（刀水書房）。

高橋亮介
義大利「塞斯提伍斯金字塔」

東京都立大學人文社會科學系副教授。倫敦大學倫敦國王學院古典系博士（PhD）。精通西洋古代史。著書包括《看拉丁文碑文暢遊古羅馬》（合著，研究社）、《漫步羅馬帝國與地中海文明》（合著，講談社）。

下田一太
亞洲篇「婆羅浮屠」

筑波大學副教授。專精東南亞建築史、以及關注保存與活用歷史建築的建築遺產學。除了致力於研究東南亞的古代、中世紀建築與都市，也參與吳哥窟等遺跡的修復工程。近年擔任日本文化廳的文化財調查官，從事聯合國教科文組織世界遺產的申請與保存管理業務。

宮川創
特輯「埃及文字與麥羅埃字母」

關西大學東西學術研究所「開放式亞洲研究中心（KU-ORCAS）」博士後研究員。京都大學語言學博士後課程，哥廷根大學埃及學、科普特學講座博士課程修畢。前日本學術振興會特別研究員（DC1）、德國研究振興協會研究員。京都大學碩士（語言學）。專長為歷史語言學、科普特語等古代埃及語史、古努比亞語、麥羅埃語、人文資訊學。刊載在國際學術期刊上的論文共有 24 本。

譯者簡介

哲彦

白天是生活線記者，晚上是日文譯者，
常被日本人當關西人的奇怪台灣人。
最愛日本人白天裝乖乖、晚上不正經的反差萌文化。
擅長生活風格、美食旅遊、自我成長等類型書籍。

翻譯切磋請洽：tetsuhiko@gmail.com

世界金字塔百科

從印尼、拉丁美洲到埃及的古文明巡禮，
一探人類史上最大建築奧祕

日文版STAFF

發行者 長瀨聰
書籍設計 米倉英弘（細山田デザイン事務所）、山本哲史（細山田デザイン事務所）、橫村葵
插畫 いとう良一、LALA THE MANTIS
編輯 坂田哲彥（グラフィック社）

作者 河江肖剩、佐藤悅夫等
譯者 哲彦
責任編輯 吳佳臻
封面設計 羅建云
內頁設計 李英娟

發行人 何飛鵬
PCH集團生活旅遊事業總經理暨社長 李淑霞
總編輯 汪雨菁
行銷企畫經理 呂妙君
行銷企劃專員 許立心

出版公司
墨刻出版股份有限公司
地址：台北市104民生東路二段141號9樓
電話：886-2-2500-7008／傳真：886-2-2500-7796
E-mail：mook_service@hmg.com.tw
發行公司
英屬蓋曼群島商家庭傳媒股份有限公司城邦分公司
城邦讀書花園：www.cite.com.tw
劃撥：19863813／戶名：書虫股份有限公司
香港發行城邦（香港）出版集團有限公司
地址：香港灣仔駱克道193號東超商業中心1樓
電話：852-2508-6231／傳真：852-2578-9337
製版・印刷 漾格科技股份有限公司
ISBN 978-986-289-687-7
城邦書號 KJ2042 **初版** 2022年3月
定價 650元
MOOK官網 www.mook.com.tw
Facebook粉絲團
MOOK墨刻出版 www.facebook.com/travelmook

世界のピラミッドWonderland
著者：河江 肖剩, 佐藤 悅夫
© 2021 Yukinori Kawae, Etsuo Sato
© 2021 Graphic-sha Publishing Co., Ltd.
This book was first designed and published in Japan in 2014 by Graphic-sha Publishing Co., Ltd.
This Complex Chinese edition was published in 2022 by MOOK Publications Co., Ltd.

Original edition creative staff
Book Design: Hidehiro Yonekura (Hosoyamada Design Office corp.), Tetsushi Yamamoto (Hosoyamada Design Office corp.), Aoi Yokomura

Illustlation: Ryoichi Itou, LALA THE MANTS
Editor: Tetsuhiko Sakata (Graphic-sha Publishing Co., Ltd.)

國家圖書館出版品預行編目資料

世界金字塔百科：從印尼、拉丁美洲到埃及的古文明巡禮，一探人類史上最大建築奧祕/河江肖剩, 佐藤悅夫等作；哲彦譯. -- 初版. -- 臺北市：墨刻出版股份有限公司出版：英屬蓋曼群島商家庭傳媒股份有限公司城邦分公司發行, 2022.3
160面； 19×26公分. -- (SASUGAS；42)
譯自：世界のピラミッドWonderland
ISBN 978-986-289-687-7(精裝)
1.金字塔 2.考古學
798.82   110019381